Polander *Easy Living*

Rolf Polander

Easy Living

Das Leben entrümpeln – zum
harmonischen Gleichgewicht finden

Die Verwertung der Texte und Bilder, auch auszugsweise, ist ohne Zustimmung des Verlags urheberrechtswidrig und strafbar. Dies gilt auch für Vervielfältigungen, Übersetzungen, Mikroverfilmungen und für die Verarbeitung mit elektronischen Systemen.

Die Ratschläge in diesem Buch wurden von Autor und Verlag sorgfältig erwogen und geprüft, dennoch kann eine Garantie nicht übernommen werden. Eine Haftung des Autors bzw. des Verlags und seiner Beauftragten für Personen-, Sach- oder Vermögensschäden ist ausgeschlossen.

Dieses Werk berücksichtigt die neue deutsche Rechtschreibung.

© by Pabel-Moewig Verlag KG, Rastatt
www.moewig.de

Originalausgabe
Producing: Roland Poferl Print-Design, Köln
Alle Rechte vorbehalten
Printed in Germany

ISBN 10: 3-8118-1946-1
ISBN 13: 978-3-8118-1946-7

Inhalt

Sind Sie mit Ihrem Leben zufrieden? 9

Einführung 11
Werfen Sie Ballast ab! 11
Sind Sie ein Verstandes- oder ein Gefühlsmensch? 13
Erreichen Sie Ihr inneres Gleichgewicht! 14
Das Modell der fünfblättrigen Blüte 16

Ihre Beziehungen zu den Dingen 31
Wie viele Dinge besitzen Sie? 31
Wie wichtig sind Ihnen Ihre Dinge? 32
Woher stammt unsere Liebe zu den Dingen? 34
Warum kaufen wir Dinge, die wir nicht brauchen? 34
Wenn Dinge zu Ballast werden 37
Weg mit dem Ballast! 40
Der Ballast auf Ihrem Schreibtisch 41
Der Ballast in Ihrem Kleiderschrank 49
Der Ballast in Ihrer Küche 52
Wo sammelt sich außerdem Ballast an? 56
Wohnen und Einrichten ohne Ballast 60

Inhalt

Der Ballast, den Sie immer bei sich tragen 63
Wie viel Ordnung braucht der Mensch? 65

Ihre Beziehungen zum Geld und zu Ihren Finanzen 68
Geld und Glück 68
Das Geld und die Dinge 70
Geld und Freiheit 72
Geld als Maßstab für Wert und Wirklichkeit 73
Wie Sie mit Ihrem Geld haushalten 74
Wie Sie Ihre Schulden in den Griff bekommen 79
Wie Sie Ihr Geld vermehren 82

Ihre Beziehung zu Ihrem Beruf 86
Beruf als Aufgabe 86
Beruflicher Erfolg als Lebensziel 87
Beruf und Geld 89
Was erwarten Sie von Ihrem Beruf 90
Tipps für den beruflichen Alltag 93
Kündigung und Neuanfang 96
Selbstständig sein oder werden 98

Ihre Beziehungen zu Ihren Mitmenschen 101
Der Mensch – ein soziales Wesen 101
Der erste Schritt: Kontakte knüpfen 104
Die Spielregeln der Kommunikation 109

Inhalt

Bewerten Sie Ihre sozialen Beziehungen! 113
Lassen Sie sich nicht ausnutzen! 116

Ihre Beziehung zu Ihrem Partner 118
Ihr Partner als wichtigste Bezugsperson 118
Gleichgewicht in der Partnerschaft 118
Stellenwert der Partnerschaft 119
Möglichkeiten der Partnerschaft 121
Partnerschaftskonflikte lösen 123
Die Partnerschaft lebendig halten 126
Eine Partnerschaft beenden 132

Ihr Körper und Ihre Gesundheit 134
Ihr Verhältnis zu Ihrem Körper 134
Das Richtige essen und trinken 137
Den Körper in Bewegung halten 143
Licht und Luft, Wärme und Kälte 147
Ausreichend Schlaf und Ruhepausen 149
Stress als Gesundheitsrisiko 150

Ihr Ich, der Kern Ihrer Persönlichkeit 153
Das Ich und der Körper 153
Erkennen Sie sich selbst 153
Das Ich und die anderen 157
Finden Sie Ihr Lebensziel 158
Zuversicht statt Angst 163

Inhalt

Die Zeit als Maß menschlichen Tuns 169
Zeit als messbare Größe 169
Verplante Zeit 170
Produktive Zeit 174
Zeit für Kommunikation 179
Was tun mit ersparter Zeit? 183
Zeit als Lebenszeit 185

Register 191

Vorwort

Sind Sie mit Ihrem Leben zufrieden?

Vermutlich nicht, oder zumindest nicht ganz, denn sonst hätten Sie dieses Buch nicht zur Hand genommen. Aber dass Sie es getan haben, ist ein Schritt in die richtige Richtung. Es zeigt, dass Sie etwas tun möchten, um Ihr Leben zu verändern, und dass Sie nicht wie so viele andere irgendwelchen äußeren Umständen oder anderen Menschen die Schuld an Ihrer Unzufriedenheit geben. Es zeigt, dass Sie wissen, dass Sie selbst etwas tun müssen, um eine Veränderung herbeizuführen. Zu dieser Erkenntnis gratuliere ich Ihnen, Sie sind auf dem richtigen Weg!
Auf diesem Weg möchte dieses Buch Sie begleiten und Ihnen zeigen, wie Sie Ihr inneres und äußeres Gleichgewicht erlangen können. Denn Ihr inneres Gleichgewicht hängt von Ihrem äußeren Gleichgewicht ab. Davon, dass sich *Finden Sie Ihr Gleichgewicht!* alle Aspekte Ihrer Persönlichkeit entfalten können, dass Ihre sozialen Beziehungen intakt sind, dass Sie eine Aufgabe haben, die Sie ausfüllt, dass Ihr Lebensunterhalt gesichert ist, dass Sie die materiellen

Vorwort

Dinge, die Sie besitzen, beherrschen und nicht von ihnen beherrscht werden und davon, dass Sie mit der Zeit, die Ihnen zur Verfügung steht, planvoll und sorgsam umgehen.

Das scheint Ihnen sehr viel auf einmal und schwer erreichbar zu sein? Dieses Buch bietet Ihnen ein Modell, mit dessen Hilfe Sie sich und Ihre Beziehungen zu der Welt, in der Sie leben, überprüfen können. Indem Sie dieses Modell auf Ihr Leben anwenden, erkennen Sie leicht und auf anschauliche Weise, wo etwas in Ihrem Leben besser laufen könnte und haben die Möglichkeit an diesen Stellen gezielt anzusetzen, um Veränderungen herbeizuführen, die Ihr Leben einfacher und Sie selbst zufriedener machen.

Dabei wünsche ich Ihnen viel Erfolg.

Rolf Polander

Einführung

Sie möchten, dass sich in Ihrem Leben etwas ändert. Aber Sie wissen nicht genau was, und Sie haben keine Idee, wo Sie beginnen können.

Werfen Sie Ballast ab!
Überdenken Sie einmal die Forderungen, die Sie an ein verändertes Leben stellen. Ist es nicht so, dass Sie sich manches wünschen, das Ihnen fehlt, und Sie von vielem, was Sie schon haben, gerne etwas *mehr* hätten?
Sie wollen zum Beispiel beruflich *mehr* erreichen, *mehr* Geld zur Verfügung haben, und Sie wissen auch, dass Sie *mehr* für Ihren Körper tun müssen. Gleichzeitig möchten Sie aber auch *mehr* Zeit mit der Familie oder mit Freunden verbringen. Haben Sie eigentlich schon einmal daran gedacht, dass all diesem *Mehr* an anderer Stelle notwendigerweise so manches *Weniger* gegenüber stehen muss, damit Ihre Gesamtbilanz wieder stimmt? Denn kein Mensch hat unbegrenzte Ressourcen, weder an Zeit noch an Kraft!

Weniger ist oft mehr!

Einführung

Deshalb sollten Sie sich als erstes fragen: »Was ist mir mehr und was weniger *wichtig,* und wo verbrauche ich Zeit und Energie für Unwichtiges?« An diesen Stellen können Sie ansetzen, denn wie ein Ballonfahrer können Sie nur höher steigen, wenn Sie Ballast abwerfen!

Was ist wirklich wichtig?

Doch es ist nicht immer leicht zu erkennen, was einen unten hält. Der Mensch neigt dazu, sich an all die Dinge zu klammern, die er besitzt, ohne sich zu fragen: »Brauche ich das alles überhaupt?« Er lässt zu, dass sein Handeln von eingefahrenen Gewohnheiten oder fremden Interessen bestimmt wird, ohne sich die Frage zu stellen »Welchen Nutzen ziehe ich aus meinem Tun? Ist das, was ich tue, überhaupt sinnvoll?«

> **Ballast ist alles, was uns beschwert und uns hindert, uns dorthin zu bewegen, wohin wir wollen.**

Werfen Sie Ballast ab und erleichtern Sie sich das Leben! Trennen Sie sich von überflüssigen Dingen und Gewohnheiten, von eingefahrenen Denkweisen und Vorurteilen. Wenn Sie einmal damit begonnen haben, werden Sie staunen, auf was Sie alles verzichten können, ohne dass Ihnen wirklich etwas fehlt – im Gegenteil, Sie gewinnen etwas dazu: größere Freiheit zu handeln und die Fähigkeit, Ihre Umwelt intensiver wahrzunehmen und zu erleben.

Sind Sie ein Verstandes- oder ein Gefühlsmensch?

Sie haben eine Reihe von Interessen, umgeben sich mit einer Anzahl von Dingen und stehen zu anderen Menschen in vielfältigen Beziehungen. Dafür verwenden Sie Ihre Zeit und Ihre Energie.
Wie Sie nun Ihre Zeit und Energie auf die einzelnen Aspekte Ihrer Umwelt verteilen, das sagt etwas über *Erkennen Sie Ihre Grunddisposition!* den Wert aus, den jeder Aspekt für Sie hat, und damit über Ihre vorherrschende Grunddisposition.
Wenn Sie ein überwiegend vom Verstand gesteuerter Mensch sind, werden Ihre Ziele hauptsächlich materieller Natur und auf das Erlangen von Wohlstand, Macht oder Wissen gerichtet sein. Werden Sie aber in erster Linie von Ihren Gefühlen gesteuert, haben soziale Geborgenheit, die Hinwendung zu anderen Menschen und intuitive Erkenntnis einen höheren Stellenwert für Sie.
Je nachdem, welcher Seite Sie zuneigen, sollten Sie versuchen, die andere – vernachlässigte – Seite Ih-

rer Persönlichkeit zu entwickeln, denn ein rundum zufriedener Mensch können Sie nur werden, wenn alle Aspekte Ihrer Persönlichkeit zu ihrem Recht kommen.

Erreichen Sie Ihr inneres Gleichgewicht!
Wir haben uns angewöhnt, die Begriffspaare Verstand und Gefühl, Denken und Intuition, Rationalität und Emotionalität, Bewusstes und Unbewusstes vor allem als Gegensätze zu begreifen, und wir erwarten – je nach Problemstellung – dass uns entweder das eine oder das andere Hilfe bringt. Allzu oft gerät dabei das Gefühl oder das Unbewusste in die Rolle des Störenfrieds, der, so meinen viele, nur diszipliniert werden muss, damit wir wieder so funktionieren, wie unsere Mitmenschen und auch wir selbst es von uns verlangen.

Das Unbewusste als Störenfried?

Ersetzen wir die genannten Begriffe durch das inzwischen auch in der westlichen Welt geläufige Gegensatzpaar Yin und Yang – dabei steht Yang für das Rationale und Yin für das Emotionale –, begegnen wir einem gänzlich anderen Denkkonzept: Yin und Yang sind nicht in Opposition zueinander stehende Gegensätze, sondern verschiedene Polaritäten

Erreichen Sie Ihr inneres Gleichgewicht!

ein und derselben Sache oder Person. Das eine kann ohne das andere nicht existieren. Nur zusammen bilden beide ein Ganzes, das Taichi, auch der »Große Uranfang« genannt, und durch das Symbol ☯ dargestellt. Yin und Yang entstehen dabei in stetem Wechsel eines aus dem anderen, denn jedes enthält in sich den Keim seines Gegenstücks.

In diesem Sinne sollten Sie die verschiedenen Seiten Ihrer Persönlichkeit als verschiedene Zustände Ihres einen Ich gleichermaßen zu ihrem Recht kommen lassen. Wenn eine der beiden Kräfte, die hier mit unterschiedlichen Namen benannt wurden, die andere dauerhaft dominiert, ist ein harmonisches und ausgeglichenes Leben gefährdet.

Lassen Sie alle Seiten Ihrer Persönlichkeit zu!

Dann geraten Ihre Beziehungen zu sich selbst und zur äußeren Welt in eine Schieflage. Sie können nicht mehr unterscheiden, was wichtig und was unwichtig für Sie ist, Sie klammern sich an Dinge oder an Menschen, oder Sie verlieren die Realitäten des Alltags aus dem Auge.

Ein Modell, an dem Sie solche Schieflagen erkennen können, wird im Folgenden vorgestellt. Es ist eine fünfblättrige Blüte, die für Sie zum Spiegelbild Ihrer inneren Harmonie werden kann.

Einführung

Das Modell der fünfblättrigen Blüte

Stellen Sie sich als Modell eines erfüllten, harmonisch ausgeglichenen Lebens ohne Ballast eine fünfblättrige Blüte vor.

Ihre Mitte, Ihr Kern, ist das **Ich.** Es ist der Sitz Ihrer Persönlichkeit, Ihr innerstes Wesen mit all Ihren Wünschen, Hoffnungen und Wertvorstellungen. Es ist in der Zeichnung als Punkt dargestellt. Die Texte mit dem hier neben der Blüte stehenden Zeichen betreffen Ihre eigentlichen Lebensziele.

Das Modell der fünfblättrigen Blüte

Das Ich kann nicht für sich allein existieren, es wohnt in einem **Körper,** der es umschließt, er ist in unserem Modell als Kreis gezeichnet.

Texte mit dem hier abgebildeten Symbol helfen Ihnen, Ihren Körper gesund zu erhalten und Freude an körperlicher Betätigung zu empfinden.

Das Ich und der Körper sind in diesem Modell die **zwei inneren Aspekte** des Menschen.

Einführung

Das in seinen Körper eingeschlossene Ich, der Mensch, steht in vielfältigen Beziehungen zu seiner Umwelt. Um den Körper gruppieren sich die **fünf äußeren Aspekte,** die Beziehungen zur Umwelt, die als Blütenblätter dargestellt sind.

Das Modell der fünfblättrigen Blüte

Das erste Blütenblatt steht hier für Ihre Beziehungen zu den **Dingen,** mit denen Sie sich umgeben, Ihren materiellen Besitz. Unter dem daneben stehenden Symbol finden Sie Ratschläge zum Umgang mit Ihren Dingen.

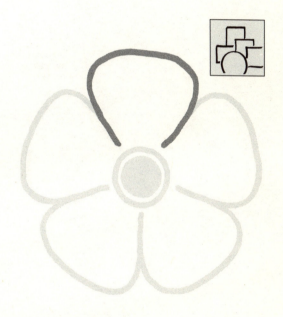

Sie sollten die Dinge, die Sie besitzen, beherrschen und nicht von Ihnen beherrscht werden. Dazu kann auch gehören, dass Sie sich von manchem, was Ihnen vielleicht lieb geworden ist, trennen.

Einführung

Das nächste Blütenblatt steht für Ihre Beziehungen zum **Geld** und zu abstraktem Besitz.

Das Kapitel und die Ratschläge mit dem Geldsymbol helfen Ihnen, Ordnung in Ihre Finanzen zu bringen und sinnvoll mit Ihrem Geld umzugehen.

Das dritte Blütenblatt symbolisiert die Beziehungen zu Ihrem **Beruf** oder Ihrer Aufgabe. Auch wenn Sie nicht berufstätig sind, gibt es bestimmt etwas, das Sie tun, etwas das wichtig für Sie ist und das Sie als Ihre Aufgabe ansehen.

Auf Ihren Beruf oder Ihre Aufgabe beziehen sich das Kapitel und die Ratschläge mit dem Hand-Symbol. Es steht für das, was Sie tun.

Einführung

Das nächste Blütenblatt steht für Ihre Beziehungen zu Ihren **Mitmenschen.** Das sind alle Menschen, mit denen Sie auf privater oder beruflicher Ebene Kontakt haben.

Die Texte mit dem Symbol, das Sie an dieser Blüte sehen, helfen Ihnen, Ihre Beziehungen zu anderen zu ordnen.

Das Modell der fünfblättrigen Blüte

Das letzte Blütenblatt symbolisiert Ihre Beziehungen zu Ihrem **Partner**. Das kann der Ehe- oder Lebenspartner sein oder auch ein Freund, eine Freundin oder ein Familienmitglied, ein Mensch, dem Sie ganz vertrauen und der Ihnen ganz vertraut.

Das Partner-Symbol weist Sie auf Texte hin, die Ihr Verhältnis zu den Menschen betreffen, die zum innersten Kreis Ihres Lebens gehören.

Einführung

Der Aspekt der Zeit nimmt eine Sonderstellung ein. Die Zeit ist kein Teil des Menschen und seiner Beziehungen. Sie müssen aber die Ihnen zur Verfügung stehende Zeit einteilen und Sie stehen selbst im Ablauf der Zeit, die Ihre Lebenszeit ist.

Ratschläge und Tipps mit dem Sanduhr-Symbol betreffen Ihren Umgang mit der Zeit und helfen Ihnen, Ihre Zeit optimal einzuteilen und zu nutzen.

Das Modell der fünfblättrigen Blüte

Darüber hinaus werden Sie besonders in den Kapiteln zu den fünf äußeren Aspekten häufig Vorschläge finden, die Ihnen helfen, Zeit zu sparen oder die Sie anleiten, Ihre vorhandene Zeit effektiver auf einzelne Bereiche zu verteilen.

Das Modell der fünfblättrigen Blüte gibt Ihnen die Möglichkeit, den Stellenwert, den Sie Ihrem Selbst, Ihrem Körper und den Beziehungen zu Ihrer Umwelt zumessen, in einem anschaulichen Bild darzustellen und zu beurteilen – und zwar nicht abstrakt aufgrund von komplizierten Überlegungen, sondern einfach mit Hilfe Ihrer optischen Wahrnehmung. An der Form der Blüte erkennen Sie unmittelbar, ob sich ein harmonisches oder ein unharmonisches Bild ergibt.

Die Blüte als Bild Ihres Lebens

Wollen Sie feststellen, wie es um das Gleichgewicht in Ihrem Leben bestellt ist, dann zeichnen Sie Ihre eigene Blüte, wobei sich die Größe der einzelnen Blütenteile nach der Zeit richtet, die Sie für die jeweiligen Aspekte aufwenden. Aber Vorsicht: Sie können lediglich Zeit-Quantitäten messen, also Mengen, und keine Qualitäten! Wenn man rein rechnerisch vorginge, das

Ist Ihr Leben im Gleichgewicht?

Einführung

heisst wenn man die beiden inneren und die fünf äußeren, also die insgesamt sieben Aspekte gleichmäßig verteilen wollte, müßte man die 24 Stunden des Tages durch 7 teilen, also für jeden etwas weniger als dreieinhalb Stunden reservieren. Dass das nicht geht, liegt auf der Hand. Wer kann schon mit einem Dreieinhalb-Stunden-Job seinen Lebensunterhalt sichern, und wer – wenn er nicht gerade Dagobert Duck heißt – wollte Tag für Tag dreieinhalb Stunden lang sein Geld zählen? Beides wird nicht innerhalb der 24 Stunden eines Tages und auch nicht im Wochen- oder Monatsdurchschnitt möglich oder auch nur wünschenswert sein.

Ein Gericht, in dem alle Zutaten in gleicher Menge enthalten sind, das ebenso viel Fleisch und Kartoffeln wie Salz und andere Gewürze enthält, wird keinem schmecken. Und wie bei einem guten Essen, das aus verschiedenen Zutaten besteht, gibt es für das harmonische Gleichgewicht Ihres Lebens Zutaten, die in größerer und solche die in geringerer Menge darin enthalten sein sollten.

Die richtige Mischung macht's!

Das heißt für Sie, dass Sie sich darüber klar werden müssen, wie *Ihr* Rezept, für ein Leben in harmonischem Gleichgewicht aussehen soll.

Das Modell der fünfblättrigen Blüte

Am besten gehen Sie nicht von den 24 Stunden eines Tages, sondern von den 168 Stunden einer Woche aus. Dann haben Sie ein Wochenende mit in der Rechnung. Die Zeit, in der Sie schlafen, in der

So rechnen Sie richtig

Ihr Körper sich also ausruht, können Sie dabei von vornherein dem Aspekt Körper zuschlagen. Rechnen Sie weiterhin ihre durchschnittliche Arbeitszeit plus Fahrzeit zu dem Aspekt Beruf hinzu, dann bleiben Ihnen für jeden Werktag etwa sieben Stunden, die Sie auf die sieben Bereiche verteilen, so dass jeder angemessen vertreten ist, keiner zu kurz kommt und keiner auf Kosten anderer Bereiche bevorzugt wird. Diese Verteilung müssen Sie nach *Ihrer* Einschätzung und *Ihren* persönlichen Bedürfnissen, die nur Sie genau kennen, vornehmen.

Ihre persönliche Zeiteinteilung

Die Zeiten, die Sie für sich ermittelt haben, tragen Sie in das Blütenmodell auf Seite 28 ein, sie gelten dann für *Ihre ideale Blüte*. Wollen Sie ein Blütenmodell zeichnen, das Ihnen zeigt, wie es zur Zeit um Ihr Gleichgewicht bestellt ist, bedeutet das, dass Sie nicht die absolute Zeit heranziehen, wenn Sie einen Aspekt darstellen wollen, sondern Sie fragen sich: Wieviel Prozent der Zeit, die ich für jeden einzelnen Aspekt vorgesehen

Einführung

habe, ist erreicht, worauf habe ich mehr und worauf weniger Zeit verwendet als es für das Gleichgewicht meines Lebens gut wäre? Diese Zahlen können Sie in das Feld auf Seite 29 eintragen und als Grundlage zum Zeichnen Ihrer Blüte für den gewählten Zeitraum verwenden. Ihre Form wird Ihnen anschaulich zeigen, ob in der Woche, die Sie zugrunde gelegt haben, etwas schief gelaufen ist, und in welchen Bereichen Sie etwas ändern sollten.

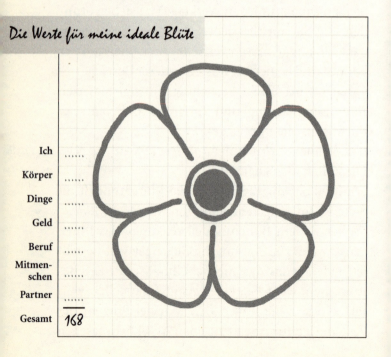

Die Werte für meine ideale Blüte

Ich	......
Körper	......
Dinge	......
Geld	......
Beruf	......
Mitmenschen	......
Partner	......
Gesamt	168

Das Modell der fünfblättrigen Blüte

Wenn Sie möchten können Sie sich weitere »Wochenblüten« im gleichen Größenverhältnis auf kariertes Papier zeichnen. Dann haben Sie die Möglichkeit, über einen längeren Zeitraum hinweg zu kontrollieren, ob Sie Ihren Zielen näher kommen. Von Zeit zu Zeit sollten Sie auch die Werte Ihrer idealen Blüte überprüfen. In Ihrem Leben können Veränderungen eintreten, die Sie veranlassen, andere Prioritäten zu setzen als bisher.

Meine Blüte in der Woche vom .... bis ....

......	Ich
......	Körper
......	Dinge
......	Geld
......	Beruf
......	Mitmenschen
......	Partner
168	Gesamt

Einführung

Das Ziel, ein **harmonisches Gleichgewicht** in Ihren Beziehungen zu den Aspekten der äußeren Welt, zu Ihrem Körper und in Ihrem Selbst herzustellen, sollten Sie jedoch nicht als absolute und dauernde Gleichheit aller Beziehungsaspekte missverstehen. Sie sind ein lebendiger Mensch und damit einzigartig. Ebenso wenig wie es zwei gleiche Menschen auf der Welt gibt, gibt es zwei genau gleiche Blüten, und keine Blüte hat auch nur zwei genau gleiche Blütenblätter.

Das Gleichgewicht in Ihrem Leben kann also immer nur ein annäherndes sein, ein Beinahe-Gleichgewicht. Deshalb ist es auch kein Gleichgewicht, das einmal hergestellt, für alle Zeiten bleibt wie es ist. Das Gleichgewicht, das Sie anstreben sollten, ist ein dynamisches Gleichgewicht, das immer in Bewegung ist. Es wird heute anders sein als gestern und morgen wieder ein wenig anders als heute. Es ist ein Gleichgewicht, das Sie jeden Tag neu finden müssen.

> *Ihr Gleichgewicht ist jeden Tag anders*

Ihre Beziehungen zu den Dingen

Wie viele Dinge besitzen Sie?
Wenn Sie darüber nachdenken, wie viele Gegenstände sich in Ihrer Wohnung befinden, oder wenn Sie gar den – höchstwahrscheinlich vergeblichen – Versuch unternehmen, alles, was sich in Schränken, Schubladen und Regalen befindet, an den Wänden hängt oder einfach nur so herumsteht oder -liegt einmal zu zählen, werden Sie bestimmt feststellen, dass die Zahl der Dinge, die Sie besitzen, erschreckend hoch ist, und Sie werden sich möglicherweise erstaunt fragen, wo denn all diese Dinge herkommen.

Wo kommen all die Dinge her?

Natürlich wissen Sie, dass die Sachen, die Sie umgeben, nicht vom Himmel gefallen sind. Irgendwann haben Sie jeden der Gegenstände, die jetzt Ihre Schränke verstopfen, sich auf Regalen breit machen, auf Tischen abgestellt sind und vielleicht sogar schon auf dem Fußboden Stapel bilden, einmal über Ihre Schwelle getragen, weil Sie ihn zu irgendeinem Zweck gebrauchen oder vielleicht auch einfach nur haben wollten.

Ihre Beziehungen zu den Dingen

Wie wichtig sind Ihnen Ihre Dinge?
Ihre Beziehungen zu den Dingen, die Sie besitzen und mit denen Sie sich umgeben, mit denen Sie also leben, werden durch das erste Blütenblatt in unserem Modell symbolisiert.

In Harmonie mit den Dingen

Prüfen Sie, welchen Stellenwert Dinge in Ihrem Leben einnehmen und stellen Sie sich dazu die Frage: Wieviel Zeit wende ich auf, um mich mit meinen Sachen zu beschäftigen?
Ihre Antwort zeigt Ihnen, wie wichtig Sie Ihre Dinge nehmen. Vergleichen Sie damit die Zeit, die Sie

Wie wichtig sind Ihnen Ihre Dinge?

für die übrigen vier äußeren Aspekte ihrer Beziehungen aufwenden, und Sie werden herausfinden, ob Ihre Beziehungen zu den Dingen zu viel Raum in Ihrem Leben einnehmen Dann verändert die Blüte, die wir als Modell gewählt haben, ihre Form.

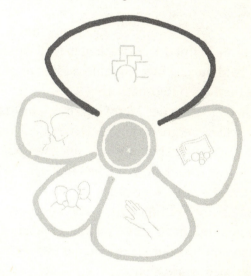

Auf der Zeichnung oben sehen Sie zum Beispiel sofort, dass

Wenn Dinge zu viel Raum einnehmen

etwas aus dem Gleichgewicht geraten ist. Für Menschen, die sich übermäßig mit Dingen beschäftigen, ist es oft typisch, dass Sie ihre Beziehungen zu anderen Menschen vernachlässigen.

Ihre Beziehungen zu den Dingen

Woher stammt unsere Liebe zu den Dingen?

Der Drang des Menschen, Dinge zu sammeln, ist so alt wie die Menschheit. Schon der Steinzeitmensch hortete, was er gesammelt, gejagt und gefunden hatte, in seiner Höhle. Man darf annehmen, dass das Sammeln mit dem Erwachen eines Schönheitssinns bald auch Dinge einschloss, die ausschließlich ästhetischen Reiz hatten.

Der Drang, Dinge zu sammeln, ist uralt

In dem Maße wie der Mensch lernte, selbst Dinge herzustellen, vergrößerte sich deren Zahl immer mehr, und heute sind wir von einer wahren Flut von Dingen umgeben. Wir leben in einer Welt der Dinge oder – anders ausgedrückt – der Waren, die uns auf immer raffiniertere Weise auffordern, sie zu kaufen und in Besitz zu nehmen. Dabei ist den meisten von uns durchaus klar, dass sie vieles davon gar nicht wirklich brauchen.

Warum kaufen wir Dinge, die wir nicht brauchen?

Obwohl es also eigentlich jeder besser wissen sollte, kaufen Millionen von Menschen Tag für Tag viele neue Dinge, die sie gar nicht brauchen und nie gebrauchen werden.

Sie brauchen nur das, was Sie gebrauchen!
Das bedeutet, dass Sie nur solche Dinge unbedingt haben sollten, die Sie tatsächlich benutzen.

Der Grund dafür ist, dass viele Waren neben Ihrer offensichtlichen Funktion für uns noch einen weiteren Nutzen haben. Sie besitzen zusätzlich zu ihrem Gebrauchswert einen »emotionalen Mehrwert«, durch den sie uns wertvoll erscheinen.

Manche Dinge haben zum Beispiel die Funktion, uns Zuwendung zu ersetzten, denken Sie nur an den Schnuller des Babys oder an den Teddybär des Kleinkinds. Andere Dinge tragen ein Versprechen in sich. Die Fläschchen und Tuben im Badezimmer versprechen Ihnen so schön und jung auszusehen, dass Sie von allen geliebt werden. Das große Auto

Glauben Sie nicht, was die Dinge Ihnen versprechen!
Dinge oder Waren versprechen Ihnen mehr als sie halten können. Zu ihrer eigentlichen Funktion kommt meist noch eine emotionale Botschaft, die Ihre Kaufentscheidung beeinflussen soll.

Ihre Beziehungen zu den Dingen

in Ihrer Garage verspricht Ihnen, jemand zu sein, der von anderen beneidet und bewundert wird, weil er es zu etwas gebracht hat. So lange Sie dem Versprechen glauben, ist der Mehrwert für Sie real. Aber denken Sie daran: Sie können eine Hautcreme kaufen, aber keine Schönheit; Sie erwerben einen Geländewagen, aber kein Abenteuer! Auf diese Weise benutzen wir viele Dinge oft als Symbole für etwas anderes: für Liebe, Macht, soziale Anerkennung und Geborgenheit. Deshalb sollten Sie lernen, die Dinge, mit denen sie sich umgeben, wieder als das zu sehen, was sie wirklich sind!

Viele Dinge sind Symbole für etwas anderes

Lernen Sie, die Dinge wieder als bloße Dinge zu sehen
Denn Dinge haben keinen Wert an sich, sondern nur den Wert, den Sie ihnen geben.

Wenn Sie diesen Zusammenhang erkannt haben, wird es Ihnen auch leichter fallen, sich von Dingen, die Sie besitzen, zu trennen, denn es gibt nichts Traurigeres als die Vorstellung, dass vielen Leuten materielle Dinge wichtiger sind, als die Beziehungen zu ihren Mitmenschen.

Wenn Dinge zu Ballast werden

Nehmen wir einmal an, die Zeit, die Sie für die Beschäftigung mit Ihren Dingen aufwenden, steht in angemessenem Verhältnis zu der Zeit, in der Sie sich mit anderen Aspekten Ihrer Umwelt beschäftigen. Im Grunde leben Sie also in Harmonie mit Ihren Dingen und wenden ihnen nicht zuviel und nicht zu wenig Aufmerksamkeit zu.

Überlegen Sie aber andererseits einmal, wie viel Platz in Ihrer Wohnung von Dingen belegt wird, und fragen Sie sich, wann Sie die meisten davon zuletzt in der Hand hatten! Dabei werden Sie bestimmt feststellen, dass Ihre Wohnung voller Dinge ist, für die Sie sich inzwischen längst nicht mehr interessieren, die aber nach wie vor ihren Platz in Schränken und Regalen behaupten.

Wie viele unnütze Dinge heben Sie auf?

Ihre Interessen haben sich geändert, aber die alten Dinge sind noch da
Sie gehen längst nicht mehr Angeln und beschäftigen sich schon lange nicht mehr mit Ihrer Briefmarkensammlung. Dann verkaufen Sie Angelzeug und Briefmarken und befreien Sie sich vom Ballast Ihrer Vergangenheit.

Ihre Beziehungen zu den Dingen

>
> **Entrümpeln Sie Ihr CD-Regal!**
> Ist Ihr Musikgeschmack noch derselbe wie früher? Sortieren Sie alle CDs aus, die Sie länger als ein Jahr nicht angehört haben. Einiges davon hatten Sie ganz vergessen und werden es nun gerne wieder hören. Alles andere aber sollten Sie verkaufen oder verschenken.

Alles, was Sie im Laufe der Zeit angehäuft haben, ergibt ein Abbild Ihrer persönlichen Geschichte. Auf Manches davon möchten Sie nicht verzichten, weil sich damit Erinnerungen verbinden, anderes heben Sie aus purer Trägheit auf, wissen oft gar nicht mehr, dass es diese Dinge noch gibt, und sind erstaunt oder auch berührt, wenn Sie darauf stoßen. Machen Sie sich bewusst, dass Sie nicht im Museum Ihrer Erinnerungen leben. Ihr Leben findet im Hier und Jetzt statt! Ihre Vergangenheit können Sie mit keinem Gegenstand festhalten oder zurückholen, aber das Heute können Sie versäumen, wenn Sie nur rückwärts schauen. Nichts gegen ein paar Erinnerungsstücke, aber machen Sie keinen Kult daraus, und verlieren sie Ihre Gegenwart nicht aus dem Blick.

Dinge als Erinnerungen

Wenn Dinge zu Ballast werden

Vielleicht können Sie manche Erinnerungsstücke sinnvoll als ganz persönliches Geschenk verwenden. Oft sind es Gegenstände, die man inzwischen nirgends mehr kaufen kann und die deshalb für viele einen nostalgischen Reiz haben. *Verschenken Sie Erinnerungen!* Erzählen Sie dem Beschenkten, was Sie mit dem Gegenstand verbindet, damit geben Sie Ihre Erinnerungen weiter.

Geschenke müssen nicht neu sein!
Mit vielem, das Sie selbst nicht mehr verwenden, können Sie anderen Menschen noch eine Freude machen.

Damit die Zahl der Dinge in Ihrer Wohnung nicht überhand nimmt, sollten Sie verhindern, dass sich der Fluss der Waren ausgerechnet bei Ihnen staut, und es sich zur Regel machen, immer wenn Sie etwas Neues kaufen, etwas Altes dafür wegzugeben.

Neu rein, alt raus!
Gewöhnen Sie sich an, jedes Mal, wenn Sie etwas kaufen, etwas anderes dafür wegzugeben.

Ihre Beziehungen zu den Dingen

Weg mit dem Ballast!

Ein unaufgeräumter Raum in Ihrer Wohnung, ein Schrank oder ein Regal mit überflüssigen Dingen, ein Schreibtisch, auf dem sich tausend Dinge türmen, so dass auch der Fußboden noch als Ablagefläche herhalten muss, all das engt Sie ein und zwar nicht nur im räumlichen Sinn. Die unerledigten Aufgaben, die Sie vor sich sehen, lenken Sie von dem, was Sie als nächstes tun wollten (oder sollten), ab und Sie werden mutlos.

Unordnung macht mutlos!

Das muss nicht so sein. Sie können den Berg abbauen – und zwar nicht irgendwann, sondern jetzt! Sie meinen, Sie hätten gerade keine Zeit und müßten Wichtigeres tun? Aber Sie tun es ja nicht! Sie werden von diesem unüberwindlich scheinenden Berg von Dingen daran gehindert. Schaffen Sie ihn also als erstes weg!

Schieben Sie das Aufräumen nicht hinaus!
Denken Sie nicht, »wenn ich diese Arbeit erledigt habe« oder »wenn jenes Problem gelöst ist, werde ich aufräumen«. Es wird Ihnen immer etwas anderes dazwischenkommen. Räumen Sie als erstes auf und erleben Sie den befreienden Effekt, der von einer aufgeräumten Umgebung ausgeht.

Der Ballast auf Ihrem Schreibtisch

Wenn Ihr Schreibtisch so voll ist, dass Sie vor lauter Aktenstapeln die Arbeitsplatte nicht mehr sehen können, und Sie nicht wissen, wo Sie irgendetwas finden, ist es höchste Zeit, dass Sie gründlich aufräumen und rigoros entrümpeln.

Ein bisschen aufräumen ist gar nicht aufräumen.
Das, was Sie sich aufzuräumen vorgenommen haben, egal ob Schreibtisch, Regal oder Schrank, sollten Sie ganz leerräumen. Sonst besteht die Gefahr, dass Sie die Dinge nur hin und her schieben. Räumen Sie also alles aus, und nehmen Sie jedes Stück in die Hand, um zu entscheiden, wo es landen soll.

Warten Sie nicht mit dem Aufräumen, sondern tun Sie es jetzt, aber tun Sie es mit System, sonst besteht die Gefahr, dass Sie nur von einer Ecke in die andere räumen. Zum Aufräumen eines chaotischen Schreibtischs hat sich die Vier-Stapel-Methode bewährt. Tragen Sie alles, was auf Ihrem Schreibtisch liegt bis auf das letzte Blatt Papier restlos ab, und ordnen Sie jedes Schriftstück einem von vier Stapeln zu.

Die Vier-Stapel-Methode

Ihre Beziehungen zu den Dingen

Stapel 1: Was Sie sofort erledigen können
Manches lässt sich ohne viel Aufwand sofort erledigen: Das Original mit einer knappen handschriftlichen Bemerkung zurückfaxen, eine kurze E-Mail schreiben, die Sache schnell telefonisch klären oder gleich im richtigen Ordner ablegen.

Stapel 1 enthält Dinge, die Sie noch während des Aufräumens oder sobald Sie mit dem Zusortieren zu den einzelnen Stapeln fertig sind, erledigen können. Dieser Stapel hat nur ein kurzes Leben. Am Ende Ihrer Aufräumaktion sollte es ihn nicht mehr geben. Was Sie erledigen konnten, wird gleich im richtigen Ordner abgelgt oder weggeworfen, was Sie nicht erledigen konnten, wandert auf Stapel 2.

Stapel 2: Was Sie noch bearbeiten müssen
Dieser Stapel enthält alles, womit Sie sich demnächst eingehend beschäftigen müssen. Das, was auf ihn gehört, von allem Übrigen zu trennen, ist der eigentliche Sinn des Aufräumens.

Stapel 2 wird bei ihrer Aufräumaktion übrig bleiben, denn er enthält die Aufgaben, um die sie nicht herumkommen. Das heißt aber nicht, dass dieser Stapel auf Ihrem Schreibtisch liegen bleiben darf. Ihr Schreibtisch sollte künftig so organisiert sein, dass auf der Arbeitsfläche nichts Unerledigtes liegt oder sich stapelt, sondern nur das, woran Sie gerade arbeiten.

Stapel 3: Was Sie zur Bearbeitung an andere weiterleiten können
Dinge, für die Sie nicht zuständig sind oder die Sie nicht betreffen, und solche, die Sie jemand anderen bitten können zu tun, sollten Sie abgeben.

Ob Sie die Möglichkeit haben, einen **Stapel 3** zu bilden, hängt davon ab, ob es Menschen gibt, denen Sie Aufgaben delegieren oder die Sie bitten können, etwas für Sie zu erledigen. Das können auch professionelle Dienstleister sein. Was Sie nicht weitergeben, landet auf Stapel 2.

Stapel 4: Was Sie wegwerfen
Hier können Sie, anstatt einen Stapel zu bilden, gleich den Papierkorb benutzen oder noch besser einen großen Karton, in dem sie das Altpapier sammeln. Dann ist auch gewährleistet, dass Sie jedes Schriftstück nur einmal in die Hand nehmen.

Ihre Beziehungen zu den Dingen

Auf **Stapel 4** kommt alles, was sie nicht mehr brauchen. Das ist oft mehr, als Sie zunächst vielleicht denken. Sie werden eine Menge Papier finden, von dem Sie irgendwann einmal geglaubt haben, dass Sie es aufheben müssten, weil darin Informationen enthalten sind (oder enthalten sein könnten), die wichtig für Sie sind. Seien Sie jetzt ehrlich zu sich selbst und gestehen Sie sich ein, dass Sie doch niemals Zeit finden werden, dies alles noch einmal durchzusehen und sinnvoll zu nutzen. All die alten Zeitungen und Zeitschriften, Prospekte und Kataloge, Unterlagen aus Schul- oder Studienzeiten, Kalender vergangener Jahre, Gebrauchsanleitungen und Garantieurkunden von Geräten, die Sie längst ausgemustert haben (die Aufzählung lässt sich beliebig erweitern) – das alles sollten Sie jetzt wegwerfen!

Was Sie alles wegwerfen sollten

Wenn Sie Ihren Schreibtisch gründlich entrümpelt und von Ballast befreit haben, sollten Sie dafür sorgen, dass Sie nicht alle Jahre wieder eine große Aufräumaktion veranstalten müssen, um *Ordnung zu schaffen*. Jetzt sollten Sie Vorkehrungen treffen, um dauerhaft *Ordnung zu halten*.

Neues Chaos verhindern!

Prüfen Sie verschiedene Organisationssysteme

Wie Sie das im Einzelnen anstellen und welche Hilfsmittel Sie dabei verwenden, hängt von der Art Ihrer Arbeiten ab. Informieren Sie sich über die verschiedenen Organisationssysteme und überlegen Sie, welches System oder welche einzelnen Elemente Ihnen helfen können, die Übersicht über Ihre Aufgaben zu behalten und sie rationell zu erledigen.

Vermeiden Sie die Bildung neuer Stapel!
Vermeiden Sie Stapel auf Ihrem Schreibtisch, indem Sie Vorgänge, die Sie noch bearbeiten müssen, in Terminmappen oder einer Hängeregistratur ablegen.

Auf keinen Fall sollten Sie wieder anfangen, Stapel zu bilden. Für laufende Projekte hat sich die in einer Schreibtischschublade untergebrachte Hängeregistratur bewährt. In Verbindung mit einer »To-do-Liste«, die alles enthält, was Sie noch erledigen müssen, und dem Terminkalender können Sie die meisten Vorgänge gut verwalten. Nützlich ist auch eine Terminmappe, in der Sie Vorgänge unter dem Datum ablegen, an dem Sie sie bearbeiten wollen.

Ihre Beziehungen zu den Dingen

Verzichten Sie auf Ablagekörbe! In Ablagekörben entstehen leicht neue Stapel. Legen Sie Alles, was zu einem Projekt gehört, in eine Mappe Ihrer Hängeregistratur. Ist das Projekt abgeschlossen, wird es in einem Ordner archiviert. Praktisch sind Mappen mit Lochung. Man kann sie, ohne dass ihr Inhalt sortiert werden muss komplett im Ordner ablegen. Aber Vorsicht! Machen Sie das Ablegen nicht zu einer automatischen Gewohnheit. Sie müssen nicht alles aufheben. Für vieles ist der Papierkorb die einzig richtige Ablage.

Archivieren Sie nichts, auf das Sie wahrscheinlich nie zurückkommen werden! Wenn Sie ein Schriftstück ablegen, überlegen Sie, ob Sie es innerhalb des nächsten Jahres brauchen werden, ob die darin enthaltene Information noch anderswo zu bekommen ist oder ob es wirklich tragisch wäre, wenn es verloren ginge. Beantworten Sie alle Fragen mit nein, werfen Sie es gleich weg!

Egal ob Zeitschrift oder Zeitung, Werbeprospekt oder Katalog, heben Sie nichts auf, um es »später in Ruhe durchzusehen«. Damit entstehen todsicher Papierstapel, die immer höher werden und die Sie irgendwann genervt entsorgen müssen, ohne jemals irgendetwas davon »in Ruhe durchgesehen« zu haben.

Alte Zeitschriften gehören ins Altpapier!
Befolgen Sie bei Zeitschriften oder Zeitungen, die Sie abonniert haben, eine einfache Regel: Wenn die neue Ausgabe kommt, wandert die alte automatisch ins Altpapier.

Was Sie nicht gleich lesen, werden Sie auch später nicht lesen. Verhindern Sie die Bildung von Papierstapeln, und befreien Sie sich von dem Druck, hunderte von Papieren durchsehen zu müssen.

Ihr Schreibtisch ist keine Ablagefläche!
Auf Ihrer Schreibtischplatte hat nur der Vorgang, an dem Sie gerade arbeiten, etwas zu suchen. Das hilft Ihnen, sich auf diesen zu konzentrieren, und verhindert, dass Sie ständig daran denken, was sonst noch alles getan werden muss.

Halten Sie Ihren Schreibtisch immer frei für das, woran Sie gerade arbeiten! Umfangreiche Projektunterlagen, die nicht in eine Hängeregistraturmappe passen, lagern sie am besten in einem Regal *hin-*

Ihre Beziehungen zu den Dingen

ter Ihrem Rücken. Das hilft Ihnen, sich auf die Arbeit zu konzentrieren, die *vor* Ihnen auf dem Schreibtisch liegt, und verhindert, dass Sie ständig daran denken, was noch alles getan werden muss.

Stapeln Sie nichts auf dem Fußboden!

Stapel auf dem Fußboden versperren Ihnen nicht nur im wörtlichen Sinn den Weg. Sie illustrieren geradezu Ihre eingeschränkte Bewegungsfreiheit, die sich leicht auf Ihre Arbeitsweise übertragen kann. Komplexe Aufgaben können Sie lähmen. Sie stehen oft wie ein unüberwindlicher Berg vor Ihnen, und Sie wissen nicht, wo Sie beginnen sollen. Teilen Sie Ihre Aufgaben in einzelne Schritte auf, die Sie separat in Ihren Terminplan eintragen und abhaken.

Lösen Sie komplexe Aufgaben in kleinen Einzelschritten!
So werden aus einem langen und komplizierten Lösungsweg Teilaufgaben, die nun überschaubar sind – und die Lösung jeder dieser Aufgaben ist ein kleines Erfolgserlebnis.

Oft kann es nützlich sein, gleichartige Aufgaben zusammenzufassen. Legen Sie zum Beispiel eine Liste der Anrufe an, die Sie an diesem Tag machen wollen, und tätigen Sie alle Telefonate nacheinander in einem Block. Auch das Prüfen von Rechnungen und das Schreiben von Überweisungen lässt sich gut zusammenfassen.

Eine zentrale Stelle Ihres Arbeitsplatzes, wo schnell eine Menge Ballast entstehen kann, den Sie zunächst gar nicht bemerken, ist Ihr Computer. Schneller als Sie denken haben sich auf der Festplatte Ihres Rechners Datenmengen angesammelt, die den Computer immer langsamer machen. Entrümpeln Sie Ihre Festplatte in bestimmten Abständen. Das meiste werden Sie in den Papierkorb ziehen. Daten, die Sie noch benötigen speichern Sie auf externen Datenträgern.

Entrümpeln Sie Ihren Computer!

Der Ballast in Ihrem Kleiderschrank

Wenn Sie sich neue Kleidungsstücke kaufen, tun Sie das aus den verschiedensten Gründen. Mal ist ein altes Stück so abgetragen, dass Sie es nicht mehr anziehen möchten, oder es passt nicht mehr, weil sich Ihre Figur verändert hat. Mal haben Sie einfach Lust auf etwas Neues, mal entdecken Sie per Zufall etwas, das ihnen spontan gefällt, und ein anderes Mal brauchen Sie etwas Passendes für einen bestimmten Anlass.

Ihre Beziehungen zu den Dingen

Wahrscheinlich werden Sie Ihre neuen Stücke erst einmal zu den anderen hängen und nur in den seltensten Fällen sofort alte Sachen dafür aus Ihrem Kleiderschrank entfernen, denn diese sind ja »noch gut«, »zu schade zum Wegwerfen«, und Sie denken, dass Sie sie bestimmt hin und wieder noch anziehen werden. Allerdings tun Sie das meist doch nicht, und nach einer gewissen Zeit nehmen in Ihrem Schrank die Sachen, die Sie nicht mehr tragen, mehr Platz ein als die, die Sie regelmäßig anziehen. Spätestens dann ist es höchste Zeit, dass Sie Ihren Kleiderschrank einmal gründlich entrümpeln.

Zu schade zum Wegwerfen?

> **Entrümpeln Sie Ihren Kleiderschrank!**
> Fragen Sie sich bei jedem Teil, wann Sie es zuletzt anhatten und ob Sie es jemals wieder anziehen werden. Alles, was Sie im letzten Jahr nicht getragen haben, werden Sie wahrscheinlich auch im nächsten Jahr nicht hervorholen. Diese Sachen nehmen Ihnen also nur Platz weg und gehören in die Altkleidersammlung oder in den Second-Hand-Laden.

Wenn Sie auswählen, worauf Sie verzichten wollen, schieben Sie die Kleiderbügel mit Ihren Sachen nicht nur hin und her, sondern nehmen Sie alles

Der Ballast in Ihrem Kleiderschrank

heraus und ordnen Sie es neu ein! Die Schwelle, ein Klei-

Ordnen Sie all Ihre Sachen neu ein!

dungsstück wieder in den Schrank zu hängen, ist höher, als es einfach darin zu lassen. Ebenso verfahren Sie mit Wäschestapeln, Blusen, Hemden etc. Beim Durchsehen Ihrer Kleidung werden Sie auf Stücke stoßen, die Sie lange nicht mehr getragen haben und schon ganz vergessen hatten. Manches würden Sie vielleicht gerne noch einmal anziehen – wenn Sie noch hineinpassten. Heben Sie aber, auch wenn sie abnehmen wollen, nichts auf, was Ihnen nicht mehr passt!

Was nicht mehr passt, fliegt raus!

Sie wollen abnehmen und scheuen sich, die Sachen, die Ihnen jetzt zu eng sind, auszusortieren? Heben Sie nichts auf, was Ihnen längst nicht mehr passt! Wenn Sie wirklich abnehmen, kaufen Sie sich etwas Neues! Denn dann möchten Sie sich wie ein neuer Mensch fühlen. Das können Sie nicht in Ihren alten Sachen.

Wenn Sie Ihren Kleiderschrank entrümpelt und abgespeckt haben, sollten Sie dafür sorgen, dass Sie nicht wieder eine solche Menge von Kleidungsstücken ansammeln, die Sie kaum tragen. Versuchen

Ihre Beziehungen zu den Dingen

Sie, in der Zukunft disziplinierter einzukaufen. Laufen Sie nicht jedem Modetrend hinterher, überlegen Sie bei jedem Kleidungsstück, zu welchen Gelegenheiten und wie oft Sie es wahrscheinlich anziehen werden. Kaufen Sie bevorzugt Klassiker, und achten Sie dabei auf die Qualität von Material und Verarbeitung. Haben Sie eine Anzahl langlebiger Kleidungsstücke, die Sie beliebig kombinieren können, sind Sie noch lange kein Modemuffel.

Machen Sie nicht jeden Modetrend mit!

Der Ballast in Ihrer Küche
In keinem Bereich einer Wohnung ist durch Anschaffen und Verbrauchen von Waren und Gebrauchsgegenständen mehr Bewegung als in der Küche. Besteck, Geschirr, Töpfe und Pfannen werden benutzt, gereinigt und wieder benutzt, Lebensmittel werden verarbeitet, verbraucht und durch neue ersetzt.

Bei so intensiver Bewirtschaftung sollte man meinen, dass die Küche kaum etwas Überflüssiges enthalten kann. Trotzdem ist das Entrümpelungspotenzial in vielen Küchen enorm!

Hat Ihre Küche Entrümpelungspotential?

Der Ballast in Ihrer Küche

Überflüssiges in der Küche
Mancher Ein-Personen-Haushalt ist ausgerüstet wie eine Großküche. Wie viel Besteck und Geschirr besitzen Sie? Welche Küchengeräte haben Sie und wann haben Sie diese zuletzt benutzt? Verschenken Sie alles, was Sie nicht wirklich häufiger brauchen!

Denken Sie doch einmal darüber nach, wie viel Geschirr und Besteck Sie besitzen und wie oft Sie die einzelnen Garnituren in Gebrauch nehmen. Haben Sie so genanntes gutes Geschirr, das in Ihrem Schrank Platz besetzt, das Sie aber außer an Festtagen nie benutzen? Dann sollten Sie sich fragen, ob es wirklich sinnvoll ist, Platz mit Dingen zu belegen, die so selten gebraucht werden.

Zu schade zum Benutzen?
Besitzen Sie Gegenstände, die Sie nie benutzen, weil sie Ihnen zu schade oder zu empfindlich sind? Vielleicht haben Sie sie geerbt, oder es war einfach ein Fehlkauf. Solche Dinge verstopfen Ihnen nur die Schränke. Entweder weg damit oder Sie nehmen sie in Gebrauch! Was spricht dagegen, jeden Tag von feinem Porzellan zu essen?

Ihre Beziehungen zu den Dingen

Wie oft benutzen Sie welche Küchengeräte? Gibt es daneben andere, die kaum einmal verwendet werden?
Gemüseschneider, Eierköpfer oder ähnliche Patentgeräte sind oft keine wirklichen Helfer. Sie erfüllen meist nur eine einzige, Funktion und werden selten gebraucht. Oft frisst das Auseinandernehmen und Reinigen die eventuell ersparte Zeit wieder auf. Investieren Sie deshalb lieber in so simple Dinge wie einen Satz guter Messer!

Praktische Patentgeräte?

Durchforsten Sie Ihre Lebensmittelvorräte!
Entsorgen Sie alle Lebensmittel, deren Haltbarkeitsdatum abgelaufen ist. Bedenken Sie, dass Sie keine Vorräte für mehrere Wochen im Haus haben müssen, das nimmt nur Platz weg. Oder wollen Sie sich von Ihrem Kühlschrank vorschreiben lassen, was Sie heute essen müssen?

Gehören Sie zu den Menschen, die immer noch glauben, sie müssten für schlechte Zeiten vorsorgen? Schluss damit! Legen Sie Ihr Geld nicht in Lebensmitteln an, verbrauchen Sie Vorräte und kaufen Sie künftig lieber nach Bedarf ein!

Der Ballast in Ihrer Küche

Lebensmittel nach Haltbarkeit sortieren

Sortieren Sie Lebensmittel, die Sie ständig ersetzen, in Kühlschrank oder Küchenschrank nach dem Haltbarkeitsdatum. Neu Gekauftes wird immer ganz nach hinten sortiert. Brauchen Sie etwas, nehmen Sie einfach die vorderste Packung weg und müssen nicht nachsehen, ob es auch die älteste ist.

Hüten Sie sich auch davor, Verpackungen zu sammeln. Vieles sieht praktischer aus als es in Wirklichkeit ist. Vor allem aber nehmen Verpackungen viel Platz weg, und wenn Sie einmal tatsächlich etwas brauchen, passt von all dem, was Sie gehortet haben, meist doch nichts. Außerdem: Wenn Sie weniger Lebensmittel einlagern, brauchen Sie auch all die Behälter dafür nicht.

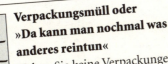

Verpackungsmüll oder »Da kann man nochmal was anderes reintun«

Heben Sie keine Verpackungen auf, auch wenn Sie noch so praktisch aussehen! Sonst haben Sie in kurzer Zeit eine umfangreiche Sammlung von Marmeladengläsern, Plastikbechern und Kartons, von denen nie einer die Größe haben wird, die Sie gerade brauchen.

Ihre Beziehungen zu den Dingen

Wo sammelt sich außerdem Ballast an?

Natürlich kann sich überall in Ihrer Wohnung Ballast ansammeln, aber es gibt Bereiche, die dafür besonders anfällig sind.

Oft werden Dinge »erst einmal« in Räumen abgestellt, in die sie eigentlich nicht gehören, bleiben dem Gesetz der Trägheit folgend dort und ermuntern auf diese Weise dazu, auch anderes dort abzustellen.

Wie bilden sich »Ballast-Inseln«?

So sammeln sich zum Beispiel an der Garderobe in der Diele gern Kleidungsstücke an, die schon längst einen Platz in Ihrem Kleiderschrank hätten finden müssen.

Entrümpeln Sie Ihre Diele!
Die Diele ist das erste, was Besucher von Ihrer Wohnung sehen, und bestimmt das Bild, das diese sich von Ihnen machen werden. Herumliegende Schuhe machen stets einen schlechten Eindruck. Halten Sie Ihre Garderobe frei und benutzen Sie sie nicht als Kleiderablage. Schaffen Sie Platz im Eingangsbereich, damit er einladend wirkt.

Ihr Schlafzimmer, der Raum, in dem Sie die Nacht verbringen, soll Ihrer Erholung dienen. Stellen Sie dort keine Dinge ab, für die anderswo kein Platz ist, und geben Sie diesem Raum eine ruhige Atmosphäre. Verzichten Sie auf unruhige Textilmuster und meiden Sie Rot- und Orangetöne, sie wirken aktivierend. Nutzen Sie stattdessen die beruhigende Wirkung von Blau- und Grüntönen.

Machen Sie Ihr Schlafzimmer nicht zur Abstellkammer!
Oft werden im Schlafzimmer Dinge abgestellt, die Besucher nicht sehen sollen, denn dort kommen diese normalerweise nicht hin. So kann der Raum, in dem Sie die Nacht verbringen, schnell zur Abstellkammer werden. Lassen Sie das nicht zu, es beeinflusst den Erholungswert Ihres Schlafs.

Auch Ihr Badezimmer sollten Sie so gestalten, dass es ein Raum zur Entspannung und kein Abstellraum wird.

Ihr Badezimmer soll ein Raum zur Entspannung sein
Das Badezimmer ist oft Nutz- und Abstellraum in einem. Das muss nicht sein. Entrümpeln Sie Ihr Badezimmer! Verbannen Sie die tausend Fläschchen und Tuben möglichst in ein Schränkchen, und finden Sie einen anderen Platz zum Trocknen der kleinen Wäsche! Dann können Sie ein Bad wieder richtig genießen.

Ihre Beziehungen zu den Dingen

Gefährdet sind auch Garagen, sie ziehen ganz besonders sperrige Gegenstände wie alte Möbel und ähnliches geradezu magisch an und können so schnell zu Sperrmüll-Sammelstellen werden.

Passt Ihr Auto noch in die Garage?
Garagen werden oft als Abstellplätze für alles Mögliche verwendet. Im Extremfall müssen Sie Ihr Auto vor der Garage parken, weil diese vollgestopft ist mit Gartengeräten und allem, wofür im Haus gerade kein Platz war und was eigentlich nur vorübergehend dort abgestellt werden sollte. Entrümpeln Sie also rechtzeitig Ihre Garage.

Wenn zu Ihrer Wohnung ein eigener Abstellraum gehört, kann Sie das dazu verführen, alles, was Sie aus dem Weg haben wollen, erst einmal dort unterzubringen, bis Sie irgendwann merken, dass Sie nicht darum herumkommen, auch diesen Raum von Zeit zu Zeit zu entrümpeln. Vieles, von dem Sie nicht wussten, ob Sie es noch einmal brauchen würden, als Sie es in der Abstellkammer eingelagert haben, ist inzwischen ganz bestimmt reif für den Sperrmüll.

Ein Abstellraum verführt

>
> **Entrümpeln Sie Ihre Rumpelkammer!**
> Sie haben einen Raum im Keller oder auf dem Dachboden, wo Sie alles Überflüssige abstellen? Machen Sie beim Entrümpeln nicht davor halt! Das meiste haben Sie jahrelang nicht gebraucht, können es also getrost wegwerfen. Vielleicht entdecken Sie dabei auch Schätze, auf jeden Fall aber gewinnen Sie wertvollen Platz.

Wenn Sie keine Zeit haben, ein ganzes Zimmer, eine Ecke oder einen Schrank komplett aufzuräumen, versuchen Sie es mit einer kleineren Einheit. Nehmen Sie sich ein Schrankfach oder eine Schublade vor. Aber räumen Sie dort, wo Sie aufräumen, immer ganz auf! Sonst ist die Gefahr groß, das sie die Dinge nur hin- und herschieben.

>
> **Es muss nicht immer gleich der ganze Schrank sein**
> Ein Zimmer oder einen Schrank systematisch aufzuräumen ist die eine Sache. Oft stoßen Sie aber, wenn Sie einen Gegenstand herausnehmen auf Dinge, die Sie bestimmt nicht mehr brauchen. Werfen Sie sie gleich weg oder räumen Sie das ganze Fach leer. Wenn der Schrank dann an der Reihe ist, haben Sie weniger Arbeit.

Wohnen und Einrichten ohne Ballast

Wenn Sie alle Räume Ihrer Wohnung aufgeräumt, alle Dinge an ihren Platz gebracht und auch manches Überflüssige weggeworfen haben, kann es sein, dass Sie immer noch nicht ganz zufrieden sind, wenn Sie die Zimmer Ihrer Wohnung betrachten. Sie wollen Ihr Leben verändern, aber Sie merken nun, dass Sie sich in Ihrer Wohnung noch immer beengt und eingeschränkt fühlen wie in einer alten Haut, die Sie ja eigentlich hatten abstreifen wollen.

Fühlen Sie sich beengt?

> **Für Veränderungen braucht man Raum**
> Wenn Sie in Ihrer Wohnung von so vielen Dingen umgeben sind, dass Sie keinen Platz für Neues haben, sollten Sie dringend entrümpeln und sich von vielem trennen. Schaffen Sie aber nicht nur Platz, um sich neue Dinge anzuschaffen. Auch Veränderungen Ihrer Lebensweise können nur stattfinden, wenn Sie sich Raum dafür schaffen.

Der Grund für dieses Unbehagen in den eigenen vier Wänden ist meistens, dass Ihre Wohnung immer noch zu voll ist, es gibt von allen Einrichtungsgegenständen zu viel und überall zu wenig freien Raum.

>
> **Geben Sie schönen Dingen Platz!**
> Sie haben einen schönen alten Schrank oder ein Bild gekauft und stellen fest, dass der Gegenstand in Ihrer Wohnung nicht so wirkt, wie Sie dachten. Kann es daran liegen, dass Ihre Wohnung viel zu voll ist? Schöne Dinge brauchen Platz, um zu wirken. Nehmen Sie die Gelegenheit zum Anlass, Ihr Wohnzimmer zu entrümpeln!

Denken Sie daran, dass es *Ihre* Wohnung ist und nicht die Wohnung ihrer Möbel. Sie können sich nur in dem Raum bewegen, der nicht mit Möbeln zugestellt ist, nur dieser Raum ist *Ihr* Raum.

Selbst ein großes Zimmer kann nur dann weit und großzügig wirken, wenn wenig Möbel darin stehen und darüber hinaus viel freie Wandfläche sichtbar bleibt. Überlegen Sie also, auf was Sie noch verzich-

>
> **Sorgen Sie für freie Wandflächen!**
> Der Eindruck von Größe und Großzügigkeit, den ein Raum macht, wird davon bestimmt, wieviel freie Flächen sichtbar sind. Das betrifft nicht nur Boden-, sondern auch Wandflächen. Stellen Sie nicht alle Wände zu, und hängen Sie nicht Bild an Bild. Ein einzelnes Stück vor einem ruhigen Hintergrund kommt immer besser zur Wirkung.

Ihre Beziehungen zu den Dingen

ten können, und versuchen Sie, das Ideal – einen wirklich großzügig wirkenden Raum – wenigstens in einem Zimmer zu verwirklichen.

Dazu kann auch gehören, dass Sie die Zahl Ihrer Zimmerpflanzen reduzieren. Pflanzen bringen ein Stück Natur in Ihre Wohnung und können einen wohltuenden Einfluss auf die Stimmung haben. Wenn aber alle Fensterbänke mit Töpfen besetzt sind und Blumentische Ihre Bewegungsfreiheit einengen, ist es Zeit gegenzusteuern. Denken Sie dabei auch daran, dass weniger Pflanzen auch weniger Pflege brauchen!

Weniger Zimmerpflanzen!

Haben Sie einmal erkannt, dass eine übervolle Wohnung Ihre Stimmung niederdrückt, sollten Sie Raum für sich schaffen. Warten Sie damit nicht bis zu einem Umzug, handeln Sie jetzt!

Warten Sie nicht auf Ihren nächsten Umzug, entrümpeln Sie Ihre Wohnung jetzt!
In jeder Wohnung sammeln sich im Laufe der Jahre eine Menge Dinge an, die man gar nicht mehr braucht. Oft werden diese Sachen erst bei einem Umzug fortgeworfen. Warten Sie nicht auf eine neue Wohnung! Ihre alte Wohnung kann vollkommen neu wirken, wenn der alte Plunder weg ist!

Der Ballast, den Sie immer bei sich tragen

Was haben Sie alles in Ihren Taschen, wenn Sie unterwegs sind?
1. Das, was Sie auf jeden Fall brauchen werden?
2. Das, was sie vielleicht brauchen könnten?
3. Das, was Sie immer mit sich herumschleppen und noch nie gebraucht haben?

Legen Sie den Inhalt Ihrer Taschen einmal auf den Tisch und ordnen Sie alles, was vor Ihnen liegt, diesen drei Kategorien zu!
Öffen Sie auch Portemonnaie und Brieftasche

Was ist alles in Ihren Taschen?

und sehen Sie nach, was alles darin ist. Busfahrscheine, alte Quittungen, Einkaufszettel oder überholte Notitzen dürfen Sie getrost entsorgen. Finden Sie Bankauszüge oder Belege, die für Ihre Steuererklärung wichtig sind, sollten sie diese gleich an der richtigen Stelle ablegen.

Schlüssel gehören zu den am häufigsten verlegten Gegenständen
Wieviel Zeit haben Sie schon damit verbracht Ihre Schlüssel zu suchen? Für die täglich benötigten Schlüssel sollten Sie ein Schlüsseletui haben. Gewöhnen Sie sich an, es stets in derselben Tasche zu tragen und zu Hause stets am selben Platz abzulegen.

Ihre Beziehungen zu den Dingen

Wohin mit der Brille?
Neben Schlüsseln werden Brillen am häufigsten verlegt. Gewöhnen Sie sich an, Ihre Brille, wenn Sie sie ablegen möchten, niemals auf die nächstbeste ebene Fläche zu legen, sondern sie immer am Körper zu behalten. Stecken Sie sie in die Jackett- oder Hemdtasche oder in Ihre Handtasche. Eine praktische Lösung sind auch Brillenketten.

Nun sehen Sie sich die Häufchen Nummer 1 und 2 an und überlegen Sie, welche von diesen Dingen Sie sinnvollerweise immer dabei haben möchten. Gewöhnen Sie sich an, den Tascheninhalt, wenn Sie nach Hause kommen, immer am selben Platz abzulegen und wenn Sie aus dem Haus gehen, automatisch einzustecken. Das System ist umso sicherer, je weniger sich dabei verändert.

»Haben Sie was zum Schreiben dabei?«
Eine Frage, die täglich hunderttausendmal gestellt wird. Es gibt immer Situationen, in denen Sie sich selbst etwas notieren oder jemandem etwas aufschreiben möchten. Sorgen Sie dafür, dass in Hand- und Aktentaschen und am besten auch in jedem Jackett ein Schreibstift ist. Nützlich ist auch ein kleiner Abreißblock für Notizen.

Wie viel Ordnung braucht der Mensch?

In diesem Kapitel haben Sie ein Reihe von Ratschlägen und Tipps bekommen, wie Sie die verschiedenen Bereiche Ihres Arbeitsplatzes und Ihrer Wohnung aufräumen, dort Ordnung schaffen und auf Dauer halten können.

Die Ordnung soll Ihnen dabei helfen, das, was Sie besitzen, besser zu überblicken und jedes einzelne Teil, wenn es gebraucht wird, schneller bei der Hand zu haben. Dazu muss Überflüssiges aussortiert und das Notwendige so geordnet werden, dass es – je nach Häufigkeit des Gebrauchs – leicht zugänglich ist. Dann können Arbeiten konzentrierter und schneller vonstatten gehen, weil Sie nicht mehr durch überflüssige Gegenstände und lästiges Suchen nach Dingen, die Sie gerade benötigen, abgelenkt werden. Und auch beim Umgang mit den Dingen, die Sie täglich brauchen und zur Hand nehmen, können Sie eine Menge Zeit sparen.

Vergessen Sie dabei aber nie, dass Ordnung immer nur ein Mittel zu einem ganz bestimmten Zweck sein sollte! Benutzen Sie dieses Mittel, um Ihre Dinge zu beherrschen, aber werden Sie nicht der

Was kann Ordnung leisten?

Ordnung als Mittel zum Zweck.

Ihre Beziehungen zu den Dingen

Sklave von Ordnungsregeln oder -systemen! Fragen Sie immer »Wozu ist diese oder jene Regel gut? Was nützt sie? Wird Übersicht gewonnen oder Zeit gespart, wenn man sie befolgt?«

Stellen Sie Ordnungsregeln in Frage!

Auch wenn es Ihnen in Ihrer Erziehung vielleicht anders vermittelt wurde, Ordnung ist *keine* moralische Kategorie! Wer keine Ordnung hält, hat davon vielleicht ein paar Nachteile, aber er ist kein schlechterer Mensch als andere. Es sollte auch nicht die Hauptsache sein, dass Ihr Arbeitsplatz »ordentlich aussieht«. Was nützt Ihnen ein leerer Schreibtisch, wenn alles, was Sie zur täglichen Arbeit brauchen, so hinter Schranktüren gepfercht ist, dass Sie nichts davon auf Anhieb finden können? Ihr Arbeitsplatz soll *für Sie* übersichtlich und gut zu benutzen sein.

Damit sind wir auch schon bei der Antwort auf die Frage, wie viel Ordnung der Mensch braucht: nämlich jeweils das Maß an Ordnung, mit dem er seine Aufgaben und sein Leben gut organisieren und bewältigen kann. Manche werden sich durch zu viele Regeln eingeengt fühlen, anderen geben feste Regeln eher Halt. Vermeiden Sie Chaos ebenso wie

Jedem seine Ordnung

Wie viel Ordnung braucht der Mensch?

Pedanterie und finden Sie heraus, wie viel Ordnung *Sie persönlich* brauchen!
Und schließlich: Zögern Sie nicht, bei jedem Tipp, den ich Ihnen in diesem Kapitel gegeben habe, zu fragen: »Was bringt *mir* das?« Eine Regel zu befolgen, kann für den einen eine nützliche Hilfe, für den anderen dagegen ein zusätzliches Ritual sein, das nur überflüssigen Ballast darstellt – und den wollen wir ja gemeinsam verringern!

> *Ordnungsregeln dürfen kein Ballast werden*

Ihre Beziehungen zum Geld und zu Ihren Finanzen

Geld und Glück

Geld ist in unserer Gesellschaft eine notwendige und wichtige Sache, Trotzdem sollte sich in Ihrem Leben nicht alles nur ums Geld drehen.
Betrachten Sie Geld als ein nützliches Mittel zum Zweck. Geld zu haben – und zwar in ausreichender

»Was schert mich Geld, ich lebe!«

Geld und Glück

Menge – kann das eine oder andere Ihrer Probleme lösen und Ihnen vieles erleichtern, aber es hat keinen Einfluss darauf, ob Sie glücklich werden.

Sie sollten mit Ihrem Geld nicht sorglos umgehen, sondern es gut einteilen und sich darum kümmern, dass Sie immer genug flüssig haben, aber Sie dürfen Geld auch nicht zu Ihrem einzigen Lebensinhalt machen. Zwei extreme Haltungen zum Geld zeigen die beiden Abbildungen an unserem Blütenmodell.

»Bei mir dreht sich alles ums Geld!«

Ihre Beziehungen zum Geld und zu Ihren Finanzen

>
> **»Wenn ich einmal reich bin …«**
> Viele Menschen glauben, dass sie glücklicher wären, wenn sie mehr Geld hätten. Untersuchungen haben jedoch ergeben, dass die Zufriedenheit eines Menschen in keinem direkten Zusammenhang mit seinem Einkommen steht. Wer die für die Existenz nötigen Dinge Nahrung, Kleidung und Wohnung hat, kann auch zufrieden sein – wenn er die Fähigkeit dazu besitzt.

Das Geld und die Dinge

Für Ihr Verhältnis zum Geld und zu Ihren Finanzen, gilt sehr vieles, was schon im Kapitel über die Dinge gesagt worden ist, gleichermaßen. Das hat seinen Grund darin, dass Geld ebenso zu Ihrem Besitz gehört wie all die Dinge, die Sie haben. Es ist sozusagen Ihr abstrakter Besitz, der sich noch nicht in konkreten Dingen materialisiert hat.

Geld und Dinge haben vieles gemeinsam …

Deshalb hat Ihr Geld eine ganze Menge mit den Dingen, die Sie besitzen, gemeinsam: Für das Anhäufen von Geld ist der gleiche menschliche Drang zum Sammeln verantwortlich, wie für das Horten von Dingen, und ebenso wie der Besitz von Din-

>
> **Geld und Geiz**
> Es ist angenehm Geld zu haben. Man kann sich damit Dinge kaufen, die man braucht und solche, die man nicht braucht. Außerdem bietet ein gewisses Geldpolster ein Stück Sicherheit für die Zukunft. Geld ist immer Mittel zu einem Zweck. Wenn aber Geld zu *haben* zum eigentlichen Zweck wird, dann hilft nur eines: Entrümpeln Sie Ihr Konto und geben Sie Geld für Dinge aus, die Ihnen Freude machen.

gen, kann auch der Besitz von Geld zum Ersatz für etwas anderes werden.

Auf der anderen Seite hat Geld aber auch Eigenschaften durch die es sich ganz wesentlich von anderen Dingen, die Sie besitzen, unterscheidet: Dazu gehört zum Beispiel, dass sich Geld bei den meisten Menschen nicht so unbemerkt und beinahe automatisch vermehrt, wie all die Dinge, mit denen sie sich umgeben, und dass – wenn es

... und sind in manchem sehr verschieden!

denn geschehen würde – auch kaum jemand etwas dagegen hätte. Menschen, die zuviel Geld haben, mag es ja geben, aber immer nur in den Augen der anderen. Jemanden, der das von sich selbst glaubt

> **Geld ist nichts Schlechtes, auch nicht das Geld der anderen!**
> Sprüche wie »Reichtum verdirbt den Charakter« sind Neid-Sprüche. Wer so etwas sagt, meint immer den Reichtum der anderen. Denken Sie nicht schlecht über Geld und Reichtum. Sie möchten es doch auch zu Wohlstand bringen! Wenn Sie das, was Sie haben möchten, jetzt verteufeln, können Sie es später auch nicht genießen.

oder sagt, wird man kaum finden! Dafür kann man vom Geld – und das ist bei konkreten Dingen nicht möglich – auch durchaus weniger als nichts besitzen, nämlich Schulden haben.

Geld und Freiheit

»Geld regiert die Welt« und »Für Geld kann man alles kaufen« sind geflügelte Worte, und ohne Zweifel ist eine größere finanzielle Unabhängigkeit ein erstrebenswertes Ziel.

Aber nur das Geld, das Sie noch nicht ausgegeben haben, bedeutet Unabhängigkeit für Sie. In ihm stecken tausend Möglichkeiten! Das Geld, das Sie bereits ausgegeben haben, ist endgültig zu einer Sache oder Leistung geworden,

Geld bedeutet Unabhängigkeit.

an die Sie sich gebunden haben. Das Geld, das Sie haben, bietet Ihnen dagegen noch jede Möglichkeit, und Sie haben die Freiheit, es für alles zu verwenden. Halten Sie immer etwas von dieser Freiheit in Reserve.

Darüber hinaus kann der Besitz von viel Geld auch Macht bedeuten, denn mit Geld lässt sich vieles erreichen, das sonst nicht möglich ist.

Geld als Maßstab für Wert und Wirklichkeit

Geld ist ein Maßstab für den Wert von Waren und Leistungen. Doch Vorsicht! Nur die Leistung eines Menschen lässt sich mit Geld bewerten, aber der Mensch selbst nicht!

Wer mehr verdient, ist mehr wert?
Unsere Arbeitsleistung wird mit Geld vergütet. Das führt leicht zu der Meinung »Wie viel einer bekommt, so viel ist er wert.« Obwohl wir wissen, dass das nicht so ist, beurteilen wir nicht nur andere Menschen oft nach ihrem Einkommen. Wie viel wir verdienen bestimmt auch unser eigenes Selbstwertgefühl. Lösen Sie sich von dieser Vorstellung!

Wer sich von fantastischen Ideen dazu verleiten lässt, gewagte Projekte anzugehen, wird oft von Geldproblemen eingeholt. Denn Geld ist auch ein zuverlässiger Gradmesser für die Realisierbarkeit mancher Ideen. Wer den Sinn für das wirtschaftlich Machbare verliert, der verliert in der Regel auch ein Stück Bezug zur Wirklichkeit.

Wie Sie mit Ihrem Geld haushalten
Bevor Sie sich mit dem Geld beschäftigen, das Sie gerne hätten, müssen Sie sich erst einmal um das Geld kümmern, das Sie haben!
Stellen Sie als allererstes einen Finanzplan auf! Dazu fertigen Sie eine vollständige Liste aller in einem Monat notwendigen Ausgaben an und stellen diesen Ihre monatlichen Einnahmen gegenüber.

Stellen Sie einen Finanzplan auf!

Wenn sich ein Überschuss ergibt, können Sie diesen zu einem Teil für das Ansparen eines Kapitals und zum anderen Teil für Ihr Vergnügen verwenden. Stellen Sie aber fest, dass sich ein Minusbetrag ergibt, bleibt Ihnen kein anderer Weg, als Ihre monatlichen Ausgaben zu reduzieren.
Ein Schritt dazu kann das Führen eines Haushaltsbuchs sein. Damit gewinnen Sie einen Überblick darüber, wo Ihr Geld hingeht, und können beurteilen, ob die eine oder andere Ausgabe nicht vielleicht unterbleiben kann.

Wie Sie mit Ihrem Geld haushalten

Führen Sie ein Haushaltsbuch!
Sie möchten wissen, wo Ihr Geld bleibt? Führen Sie ein Haushaltsbuch und notieren Sie immer, wenn Sie etwas kaufen, wie viel Sie wofür ausgegeben haben. Nach zwei bis drei Monaten haben Sie einen guten Überblick, wie hoch Ihre Ausgaben im Durchschnitt sind – und durch den Zwang des Aufschreibens wird manche Ausgabe unterbleiben.

Wenn Sie Ihre Ausgaben reduzieren wollen, sollten Sie regelmäßige Verpflichtungen, die Sie eingegangen sind, durchforsten. Welche Zeitschriften und Info-Dienste haben Sie abonniert? Wo zahlen Sie überall Mitgliedsbeiträge? Welche Kurse haben Sie belegt, die Sie nur sporadisch besuchen? Welche Versicherungen haben Sie abgeschlossen? Legen Sie eine Liste all dieser Ausgaben an und

Sind Ihre regelmäßigen Ausgaben notwendig

kündigen Sie konsequent alles, was Sie nicht tatsächlich nutzen! Wiederholen Sie diese Prüfung regelmäßig!

Überprüfen Sie Ihren Lebensstil und denken Sie immer daran, dass Sie nicht mehr Geld ausgeben dürfen als Sie einnehmen! Das leuchtet jedem ein, dennoch wird diese einfache Regel oft missachtet.

Wer für Kleidung, Restaurantbesuche, Veranstaltungen und Luxusgüter ständig mehr ausgibt als eigentlich auf seinem Konto ist, dem wachsen die Schulden bald über den Kopf. *Leben Sie nicht über Ihre Verhältnisse!* Überlegen Sie genau, was Sie sich leisten können, und setzen Sie monatlich bestimmte Beträge für die einzelnen Ausgabenbereiche fest. Es mag das Selbstbewusstsein heben, von seiner Bank einen hohen Kredit eingeräumt zu bekommen, doch sollte man sich auch ausrechnen wie viel man dafür bezahlt!

Kaufen Sie sich Dinge, die Sie mögen und mit denen Sie sich wohl fühlen, aber kaufen Sie nichts, um anderen zu beweisen, wie weit Sie es gebracht haben. *Meiden Sie Prestigeanschaffungen!* Sie werden nicht glücklicher und zufriedener sein, weil Ihr Nachbar sieht, dass Sie ein großes Auto fahren. Für Sie wird sich dadurch nichts verändern.

Finanzieren Sie Anschaffungen nicht mit Krediten, das wird teurer! Warten Sie, bis Sie den erforderlichen Betrag angespart haben! Die Freude über etwas, das Sie sich endlich kaufen können, weil Sie vielleicht jahrelang dafür gespart haben, ist viel größer als über etwas, das Sie jetzt schon haben

Wie Sie mit Ihrem Geld haushalten

und das noch nicht bezahlt ist. Wenn Sie einen Kredit aufnehmen, dann überlegen Sie genau wofür! Auf keinen Fall für etwas, was Sie verbrauchen, wie Urlaubsreisen, und am besten auch nicht für Dinge, die rasch an Wert verlieren, wie Möbel oder ein neues Auto. Kredite können sinnvoll sein für wertbeständige Immobilien oder für Investitionen, mit denen Sie wiederum Geld verdienen, wie ein Computer für ihre Firma.

Anschaffungen nicht auf Kredit!

Sparen Sie auch an Kleinigkeiten, es kann sich auf Dauer durchaus bemerkbar machen. Vergleichen Sie zum Beispiel – egal ob Sie einen Kredit brauchen, Geld anlegen oder ein Girokonto eröffnen möchten – die Konditionen verschiedener Banken. Sie werden auf Unterschiede stoßen, die bares Geld für Sie bedeuten. Gehen Sie nicht nur zu Ihrer Hausbank und akzeptieren Sie nicht sofort, was man Ihnen dort anbietet.

Vergleichen Sie Konditionen von Banken!

Bedenken Sie außerdem, dass Ihr Geld sich nicht dadurch vermehrt, dass Sie andauernd nachsehen, wie viel noch da ist. Sie kennen Ihre fixen Kosten und Ihren monatlichen Bedarf. Den heben Sie ab, und damit wirtschaften Sie. So sparen Sie die Kosten für zusätzliche Kontoauszüge.

Zahlen Sie, wenn möglich, immer in bar! Bank- und Kreditkarten verführen dazu, mehr Geld auszugeben als geplant. Das Geld in Ihrem Portemonnaie können Sie sehen und anfassen – aber nur so lange es noch darin ist! So haben Sie immer die Kontrolle« wie viel Ihnen übrig bleibt. Wer mit Karte bezahlt, weiß meist nicht wie viel danach noch auf dem Konto ist.

Zahlen Sie, wenn möglich, bar!

Wenn Sie meinen, all diese Tipps wären nichts für Sie, weil *Sie* an das »große Geld« herankommen und sich nicht mit solchen »Peanuts« abgeben wollen, bedenken Sie, dass sich das gute Umgehen mit Geld auch bei kleinen Beträgen zeigt.

> **Viel Geld wird Ihnen nichts helfen, wenn Sie schon mit wenig Geld nicht zurechtkommen**
>
> Mit wenig Geld gut zu wirtschaften ist nicht anders, als das gleiche mit viel Geld zu tun. Sie müssen in beiden Fällen Ihre Ausgaben und Ihre Einnahmen aufeinander abstimmen und dafür sorgen, dass immer etwas übrig bleibt. Sonst ist auch ein großes Kapital in kurzer Zeit verbraucht.

Wie Sie Ihre Schulden in den Griff bekommen

Wenn Sie verschuldet sind, ist es wahrscheinlich, dass Sie zwei Probleme haben: Das erste lässt sich in Euro und Cent ausdrücken und ist ein finanztechnisches. Ihr zweites Problem ist eventuell ein psychologisches. Es kann sein, dass Sie sich wegen Ihrer Schulden *schuldig* und *minderwertig* fühlen. Natürlich sind Ihre Schulden nicht vom Himmel gefallen und Sie haben sicherlich einen mehr oder weniger großen Anteil daran, dass es soweit gekommen ist. Trotzdem sind Sie kein schlechterer Mensch als vorher und auch kein schlechterer Mensch als andere, die keine Schulden haben. Ganz gewiss haben Sie Fehler gemacht, das dürfen Sie jetzt nicht verdrängen,

Schuldgefühle helfen nicht weiter

Wie konnte es dazu kommen, dass ich verschuldet bin?

Die einzige richtige Antwort auf diese Frage lautet immer »*Ich* habe etwas falsch gemacht«. Geben Sie äußeren Umständen oder anderen Menschen die Schuld, sind Sie auf dem falschen Weg. Nur durch die Erkenntnis, dass *Sie* die Schulden verursacht haben, wird Ihnen klar, dass *Sie* auch der einzige sind, der etwas tun kann, um sie wieder loszuwerden.

aber reden Sie sich nicht ein, dass *Sie* jetzt nichts mehr wert sind! Reduzieren Sie Ihr Problem auf seine finanztechnische Seite! Schieben Sie nichts auf und fangen Sie an, nach Lösungen zu suchen. Hoffen Sie nicht auf bessere Zeiten oder auf ein Wunder. Bei Schulden hilft kein Aussitzen oder Abwarten. So lange Sie nichts tun, werden Ihre Schulden mit Zins und Zinseszins weiter anwachsen.

Nicht abwarten, sofort handeln!

Suchen Sie einen Ausweg aus der Schuldenfalle: Augen verschließen hilft nicht! Wenn Ihr Konto ständig überzogen ist, und Ihre Schulden immer größer werden, dürfen Sie nicht den Kopf in den Sand stecken und so weitermachen wie bisher. Verdrängen ist die schlechteste aller möglichen Reaktionen. Machen Sie sich bewusst, dass Sie Schulden haben und etwas dagegen tun müssen. Das ist der erste Schritt.

Versuchen Sie auf jeden Fall zuerst, Ihr Girokonto wieder ins Plus zu bringen. Der Überziehungskredit, den Sie hier genießen, ist zwar bequem, weil Sie ihn automatisch ohne Formalitäten in Anspruch nehmen können, er ist aber auch der teuerste Kredit, den es gibt.

>
> **Überziehungskredite sind Vermögenskiller**
> Der Überziehungskredit, den Sie auf Ihrem Girokonto in Anspruch nehmen können, ist der teuerste Kredit, den es gibt. Hier werden Ihnen teilweise über 17 Prozent Zinsen berechnet. Vermeiden Sie also unbedingt, ihn in Anspruch zu nehmen! Nehmen Sie lieber einen Konsumentenkredit und gleichen Sie Ihr Konto damit aus.

Als nächstes müssen Sie versuchen, Ihre Ausgaben Ihren Einnahmen anzupassen. Stellen Sie alle Anschaffungen, die nicht unbedingt notwendig sind, zurück! Kaufen Sie preiswertere Lebensmittel. Streichen Sie Restaurantbesuche und Taxifahrten. Ersetzen Sie Ihr großes Auto durch ein kleineres. Prüfen Sie auch, ob sich der Wechsel zu einem günstigeren Telefon- oder Stromanbieter lohnt. Des Weiteren sollten Sie überlegen, ob Sie Reserven haben, die sich mobilisieren lassen. Haben Sie noch Sparbücher oder schlummern auf irgendeinem Konto noch Wertpapiere? Machen Sie alles zu

Reduzieren Sie Ihren Lebensstil!

Mobilisieren Sie alle Reserven!

Geld. Sie erhalten nirgends so hohe Zinsen, wie Sie auf Ihrem Girokonto bezahlen müssen. Besitzen Sie Wertsachen, die Sie verkaufen können? Lässt sich überflüssiger Hausrat zu Geld machen?

Stellen Sie einen Tilgungsplan auf!

Wenn die genannten Maßnahmen in überschaubarer Zeit nicht zum Erfolg führen, stellen Sie einen Tilgungsplan auf. Legen Sie monatliche Raten fest, mit denen Sie Ihre Schulden abtragen. Wenn Sie damit überfordert sind und Ihre Schulden nicht überblicken können, scheuen Sie sich nicht, die Hilfe einer Schuldnerberatungsstelle in Anspruch zu nehmen.

Wie Sie Ihr Geld vermehren

Viele Menschen träumen davon, mit einem Schlag reich zu werden, und malen sich aus, was Sie dann alles unternehmen und kaufen könnten.

Warten Sie nicht auf den Sechser im Lotto!

Aber wer zum Beispiel auf einen Sechser im Lotto wartet, der kann ganz schön lange warten. Die Chance, sechs Richtige zu bekommen, liegt bei 1 : 140 000 000. Wenn Sie also immer denselben Tipp machen und glauben, irgendwann müssten Ihre Zahlen doch einmal gezogen werden, dann bedeutet das, dass im rechnerischen Mittel jede Zahlenkombination alle 140 Millionen Wochen einmal gezogen wird. Wenn Sie schon Lotto spielen, dann nutzen Sie die Wartezeit bis zu Ihrem Hauptgewinn, um auf andere Weise zu Geld zu kommen. In der Realität ist das Erreichen von Wohlstand in aller

Das Reichwerden ist ein langer Prozess.

Regel ein langer Prozess, der sich über Jahrzehnte hinzieht, und die sicherste Art, den Grundstock für ein Vermögen zu schaffen, ist immer noch das regelmäßige Sparen.

Sparen Sie jeden Monat einen festen Betrag!
Warten Sie nicht bis zum Monatsende, um dann zurückzulegen, was Ihnen übrig bleibt. Zu oft werden Sie nichts mehr übrig haben. Nur wenn Sie Ihren Sparbetrag von vornherein auf ein Spar- oder Anlagekonto überweisen, ist gewährleistet, dass Ihr Kapital regelmäßig und stetig wächst.

Das klassische Sparkonto ist gut geeignet, um erst einmal nennenswerte Beträge anzusammeln. Größere Geldmengen sollten Sie allerdings nicht auf Dauer dort parken. Dafür wählen Sie lieber Anlageformen, die Ihnen eine bessere Rendite bringen.

Dabei haben Sie die Wahl zwischen einer ganzen Reihe von Möglichkeiten. Zum Beispiel festverzinsliche Wertpapiere mit unterschiedlichen Laufzeiten, Immobilien- und Aktienfonds oder auch Aktien einzelner Unternehmen. Dabei gilt generell: Je höher die Rendite desto höher ist auch das Risiko einer Anlage. Wie Sie Ihr Geld im einzelnen anlegen, hängt also auch von Ihrer Risikobereitschaft ab. Am besten ist ein ausgewogener Anlagemix.

> *Mit der Rendite steigt das Risiko*

Achten Sie auf ein ausgewogenes Anlageprofil!
Bei Geldanlagen steigt die Rendite mit dem Risiko. Legen Sie nicht Ihr ganzes Kapital in risikoreichen Aktien an, nehmen Sie festverzinsliche Papiere dazu. Je mehr Sie mit einer Anlageform gewinnen können, umso größer ist auch die Möglichkeit eines Verlustes. Ein vernünftiger Mix bringt Ihr Geld sicher auch über schlechte Zeiten.

Manche Verkäufer von Geldanlagen raten Ihnen, diese mit Krediten zu finanzieren, und rechnen Ihnen vor, dass der zu erwartende Gewinn die Kreditzinsen um ein Vielfaches übersteigt. Lassen Sie sich nicht darauf ein. Es ist ein risikoreiches Geschäft und Sie können leicht mit Schulden zurückbleiben. Denken Sie immer daran, dass Ihre Bank oder Ihr Anlageberater Ihnen wertvolle Hinweise geben und interessante Anlagen anbieten können, aber was mit Ihrem Geld geschieht, bleibt Ihre eigene Entscheidung und Sie allein tragen die Folgen.

Kümmern Sie sich selbst um Ihr Geld!

Wenn Sie Geld in Aktien anlegen, sollten Sie ein paar einfache Regeln befolgen. Legen Sie für jede Aktie einen Interventionskurs fest, bei dessen Unterschreitung Sie die Aktie verkaufen. So vermeiden Sie, dass Sie die Abwärtsbewegung Ihrer Werte bis in die Talsohle hinein mitmachen und sichern Ihr Kapital. Erholt sich das Papier, können Sie auf niedrigem Niveau wieder einsteigen. Ebenso kann es sinnvoll sein, noch bei steigenden Kursen, zum Beispiel wenn eine Aktie Ihren Wert bereits verdoppelt hat, die Hälfte der Anteile zu verkaufen.

Legen Sie Interventionskurse fest!

Damit ist das eingesetzte Kapital gesichert und Sie profitieren trotzdem von der weiteren Entwicklung. Bleiben Sie stets bei einer einmal festgelegten Strategie. Die Gier nach immer mehr hat schon so manchen Anleger zu falschen Entscheidungen getrieben.

Ihre Beziehung zu Ihrem Beruf

Beruf als Aufgabe

Die meisten Menschen verbringen den größten Teil ihrer bewussten Zeit in ihrem Beruf. Deshalb sollte Ihr Beruf mehr für Sie bedeuten, als nur eine Möglichkeit, Geld zu verdienen. Das, was Sie tun und die Art und Weise wie Sie es tun, kann zu einem Teil Ihrer Persönlichkeit werden.

Allerdings gibt es immer weniger Menschen, die ihr Leben lang in dem Beruf bleiben, den sie in ihrer Jugend erlernt haben. Viele machen irgendwann etwas ganz anderes oder beginnen, noch einmal etwas Neues zu lernen. Dadurch wird die Verbindung, die ein Mensch zu seinem Beruf hat, lockerer. Andere müssen sich mit ihrem Beruf verändern, weil dieser sich verändert. Aber ganz gleich, welchen Beruf Sie gerade ausüben, immer stellt er Ihnen eine Reihe von Aufgaben, die Sie gut oder weniger gut bewältigen können, und nur, wenn Sie zu dem, was Sie tun, eine positive Beziehung haben, werden Sie es auch gut tun.

Nur, was Sie gerne tun, tun Sie auch gut

Beruflicher Erfolg als Lebensziel

Der Erfolg im Beruf ist für viele Menschen zum vorrangigen Lebensziel geworden. Darüber wird oft vergessen, dass es daneben auch noch andere Ziele geben kann, die in den Mittelpunkt zu stellen sich lohnt.

Sich in seinem Beruf zu engagieren, dort etwas zu leisten und weiterzukommen, wird in unserer Gesellschaft gefordert und allgemein als positiv bewertet. Wer um des Berufes oder der Karriere willen andere Bereiche vernachlässigt, kann daher

Wenn der Beruf alles auffrisst ...

Ihre Beziehung zu Ihrem Beruf

Warum verbringen Sie so viel Zeit in der Firma?
Gehören Sie zu denen, die ständig Überstunden machen und die von ihren Kollegen gefragt werden, ob sie kein Zuhause hätten? Dann sollten Sie prüfen, ob Sie so viel arbeiten *müssen* oder ob Sie es *wollen!* Ist die Arbeit für Sie ein Ersatz für andere Dinge, sehen Sie sich gerne als Opfer oder haben Sie Angst vor freier Zeit?

eher auf Verständnis rechnen, als jemand, der die Prioritäten anders setzt. Gerade deshalb sind die Gefahren groß, in dieser Richtung zu viel des Guten zu tun. Achten Sie bei allem beruflichen Engagement darauf, dass Ihnen noch genügend Freizeit bleibt, die Sie mit Ihrer Familie und mit Freunden verbringen, und nehmen Sie sich keine Arbeit mit nach Hause!

Machen Sie auch Feierabend im Kopf!
Alle Probleme, die Sie heute nicht lösen konnten, haben Zeit bis morgen. Wenn Sie den Abend damit verbringen, an Ihre Arbeit zu denken, betrügen Sie sich selbst um Ihren Feierabend. Wichtig ist, dass Sie jetzt abschalten! Versuchen Sie es eventuell mit einer Entspannungstechnik wie Yoga oder autogenem Training.

Beruf und Geld

Im Allgemeinen wird beruflicher Erfolg mit hohem Verdienst verknüpft, und natürlich möchten Sie für Ihre Arbeit ein angemessenes Gehalt bekommen. Wichtiger sollte Ihnen aber sein, dass Ihr Beruf Ihren Neigungen und Fähigkeiten entspricht und Sie sich bei dem, was Sie tun, wohl fühlen. Ist das der Fall, werden Sie gute Leistungen bringen und Anerkennung ernten, was sich auch an Ihrem Gehalt bemerkbar machen wird.

Für einen ungeliebten Beruf sollte Ihnen Ihre Zeit zu schade sein
Denken Sie daran, dass Sie einen großen Teil Ihrer Lebenszeit mit Ihrer Arbeit verbringen. Wenn Sie nicht auf Dauer unzufrieden werden wollen, brauchen Sie einen Job, der Ihnen Spaß macht. In diesem werden Sie erfolgreicher sein als in einem ungeliebten Beruf.

Wer einen ungeliebten Job nur wegen des Geldes ausübt, wird oft unzufrieden sein. Manche beschäftigen sich zum Ausgleich in der Freizeit mit etwas, das sie interessiert und ausfüllt. Wenn es Ihnen so geht, überlegen Sie, ob Sie Ihr Hobby zum Beruf machen können, und lassen Sie sich lieber für das bezahlen, was Ihnen Spaß macht!

Ihre Beziehung zu Ihrem Beruf

Was erwarten Sie von Ihrem Beruf?

Ist der Beruf für Sie nur ein Mittel, um Geld zu verdienen, möchten Sie eine sinnvolle Aufgabe, die Sie ausfüllt, sind Sie glücklich, wenn Sie mit anderen in einem guten Team arbeiten, oder wollen Sie Macht über andere haben und ausüben? Machen Sie sich klar, welches Ihre beruflichen Motivationen sind, und suchen Sie den für Sie richtigen Job!

Suchen Sie den für SIE richtigen Job!

Welchen Stellenwert soll der Beruf in Ihrem Leben haben und was möchten Sie beruflich erreichen? Wenn Sie sich kein Ziel setzen, sind Sie von Zufällen abhängig und verzichten darauf, Ihren beruflichen Weg selbst zu gestalten. Denken Sie daran, dass berufliche Frustrationen auch Ihr Privatleben beeinflussen.

Setzen Sie sich keine unrealistischen Karriereziele!
Ziele zu haben ist notwendig und nützlich, aber bleiben Sie innerhalb Ihrer Möglichkeiten. Sie kennen Ihre Fähigkeiten und Ihre Handicaps, also wissen Sie, was Sie realistischerweise erreichen können und was nicht. Setzen Sie Ihre Ziele zu hoch an, werden Sie bald entmutigt werden. Nicht jeder Tellerwäscher wird Millionär!

>
> **Ein Ziel zu haben ist gut, etwas dafür zu tun, ist besser!**
> Sie möchten im Beruf aufsteigen, haben aber nicht die Kenntnisse, die für den angestrebten Posten verlangt werden? Besuchen Sie Kurse oder besorgen Sie sich die entsprechende Fachliteratur. Und wenn man Ihren neuen Kenntnissen in der jetzigen Firma nicht traut, bewerben Sie sich woanders!

Wenn Sie Ihr Berufsziel definiert haben, entwickeln Sie eine langfristige Strategie, es zu verwirklichen! Es kann sein, dass Sie Umwege gehen und notwendige

Scheuen Sie sich nicht vor Umwegen!

Qualifikationen zunächst auf anderen Arbeitsgebieten erwerben müssen. Stellen Sie einen Zeitplan auf, wann Sie Ihr Ziel erreicht haben wollen!
Hüten Sie sich vor Neid und reden Sie den Erfolg anderer nicht schlecht. Wenn Kollegen vor Ihnen befördert werden und Sie sich darüber ärgern, suchen Sie die Ursachen nicht in unfairen

Seien Sie nicht neidisch!

Praktiken oder persönlichen Vorlieben. Überlegen Sie, was Sie eventuell falsch gemacht haben. Was haben Sie getan, um Ihre Ziele zu erreichen? Was haben Sie unterlassen?

>
> **Schimpfen Sie nicht über »die da oben«, wenn Sie einmal dazugehören wollen!**
> Bleiben Sie nicht in überholtem Klassendenken stecken! Wer die Welt in Oben und Unten einteilt, errichtet Schranken im Kopf, die er dann selbst schwer überwinden kann. Nur wenn Sie nicht festgelegt sind, können Sie frei bestimmen, wie weit Sie einmal kommen möchten.

Oft kann man einen Beruf erst richtig beurteilen, wenn man schon drinsteckt. Wenn Sie das Gefühl haben, Sie sind im falschen Beruf gelandet, dann steigen Sie aus, bevor Ihr Job Sie in eine Sackgasse führt! Beginnen Sie lieber etwas anderes! Aber vielleicht gibt es den idealen Arbeitsplatz für Sie ja gar nicht? Dann versuchen Sie, den Arbeitsplatz, den Sie haben, zu verändern!

>
> **Sie suchen den perfekten Arbeitsplatz? Schaffen Sie ihn sich!**
> Sie können Ihr Leben lang nach dem perfekten Arbeitsplatz suchen, ohne ihn je zu finden. Verbessern Sie inzwischen den Arbeitsplatz, den Sie haben! Nutzen Sie dazu alle Spielräume und bauen Sie ein harmonisches Verhältnis zu Kollegen und Vorgesetzten auf. Sie können nicht bestimmen, was Sie tun, aber sehr oft wie Sie es tun!

Tipps für den beruflichen Alltag

Um im Beruf erfolgreich zu sein, genügt es nicht, dass Sie Ihr Fach verstehen, Sie brauchen eine Reihe von Fähigkeiten, die vielleicht während Ihrer Ausbildung gar keine oder nur eine geringe Rolle gespielt haben, die aber immer wichtiger für Sie werden, umso mehr Sie nicht mehr nur Anweisungen ausführen, sondern selbstständig handeln müssen.

Sein Fach zu verstehen, genügt nicht

Dazu gehört zum einen, dass Sie sich, das heißt den Einsatz Ihrer Arbeitsleistung sowie die Arbeitsabläufe, die Sie ausführen, optimal organisieren, und auch, dass Sie imstande sind, neue und unbekannte Aufgaben, für die Sie keine Standardlösungen kennen, zu übernehmen.

Zum anderen haben Sie es bei der Mehrzahl aller Aufgaben nicht nur mit Dingen, sondern immer auch mit Menschen zu tun, mit denen Sie auf die eine oder andere Weise zusammenarbeiten. Hier ist also Ihre soziale Kompetenz gefragt, die Sie – ohne irgendeine konkrete Aufgabe anzugehen – allein schon dazu brauchen, um in dem sozialen System Betrieb Ihren Platz zu finden und sich zu bewegen.

Auch soziale Kompetenz ist gefragt

Zur Lösung konkreter Aufgaben werden Sie sich konzentrieren und ausschalten, was Sie ablenkt. Suchen Sie aber Anregungen für neue Ideen, so seien Sie offen für die Gesamtheit aller Eindrücke, die Sie empfangen, und zensieren Sie Ihre Einfälle nicht im Voraus!

Achten Sie auf Unwesentliches!

Sie haben kein Konzept, wie Sie eine Aufgabe lösen können? Das ist gut so!
Wer mit einem fertigen Lösungskonzept an eine Aufgabe herangeht, ist für alternative Ansätze nicht mehr offen. Versuchen Sie, das Ziel auf unterschiedlichen Wegen zu erreichen! Haben Sie eine Lösung gefunden, suchen Sie eine zweite! Das trainiert Ihre Fähigkeit, die verschiedenen Seiten eines Problems wahrzunehmen.

Beenden Sie Ihren Arbeitstag damit, dass Sie einen Plan machen, was Sie am nächsten Tag im einzelnen tun werden. Vielleicht können Sie sich auch schon Unterlagen bereitlegen. Tun Sie es nicht erst unmittelbar bei Arbeitsbeginn, sondern am Abend zuvor. Dann weiß Ihr Unterbewusstsein schon, was auf Sie zukommt und stellt sich darauf ein.

Planen Sie heute für morgen!

Tipps für den beruflichen Alltag

Auch wenn Sie einmal ein bisschen länger arbeiten müssen, versuchen Sie immer, eine Aufgabe zu Ende zu bringen, bevor Sie Feierabend machen. Sie werden zufriedener nach Hause gehen und können dann Ihren Feierabend auch unbeschwerter genießen. Außerdem brauchen Sie am nächsten Tag wieder eine Anlaufzeit, um erneut in die Sache hineinzukommen.

Nur gelöste Aufgaben machen zufrieden

Durchschauen Sie die Struktur des sozialen Systems Betrieb!
Jeder Betrieb ist auch ein soziales System. Versuchen Sie zu durchschauen, wie dieses System funktioniert. Finden Sie heraus, wie die offiziellen und wie die inoffiziellen Kommunikationswege verlaufen, und lernen Sie, sie zu benutzen. Genaue Kenntnis dieses Systems hilft Ihnen, berufliche und persönliche Ziele leichter zu erreichen.

Sie müssen nicht von allen gemocht werden, aber Sie sollten mit allen gut auskommen. Das bedeutet, dass Sie mit Vorgesetzten und Gleichgestellten ebenso wie mit Untergebenen gut zurechtkommen, die Fähigkeit entwi-

Kommen Sie mit allen gut aus?

Ihre Beziehung zu Ihrem Beruf

ckeln, Bitten auszusprechen und notfalls auch einmal Nein zu sagen. Und Sie sollten Angriffen richtig begegnen können.

> **Nur sympathisch zu sein, genügt nicht!**
> Sie tun jedem gern einen Gefallen, weil Sie von allen gemocht werden möchten? Eine nette Kollegin oder ein netter Kollege zu sein, ist für Ihr Weiterkommen zu wenig. Ihr Ziel sollte es sein, von Ihren Kollegen und Vorgesetzten geachtet zu werden. Das werden Sie nicht, wenn Sie allen Konflikten aus dem Weg gehen.

Kündigung und Neuanfang

Viele Unternehmen stehen heute aus den unterschiedlichsten Gründen vor der Notwendigkeit, Mitarbeiter entlassen zu müssen. Da ist es für jeden Arbeitnehmer wichtig, dass er nicht unvorbereitet ist, wenn ihn die Kündigung trifft. Jeder sollte sich in Gedanken schon einmal mit der Situation beschäftigt und für sich persönlich überlegt haben, wie seine Alternativen aussehen.

Vor allen Dingen sollten Sie sich dafür interessieren, wie gut oder schlecht es Ihrem Arbeitgeber

Was machen Sie bei einer Kündigung?

Kündigung und Neuanfang

geht. Oft fallen die Mitarbeiter aus allen Wolken, wenn ein Betrieb in Konkurs geht. Registrieren Sie eventuelle Anzeichen, aber reden Sie nicht darüber! Wenn Sie merken, dass Ihre Firma in Schwierigkeiten ist, suchen Sie sich einen neuen Job. Diejenigen, die bis zuletzt bleiben, haben immer die schlechtesten Chancen.

Eine Kündigung ist auch eine Chance für einen neuen Anfang
Wird Ihre Abteilung geschlossen oder die ganze Firma zugemacht, erscheint Ihnen das zunächst als Katastophe. Bedenken Sie, dass es zugleich eine Chance für einen Neuanfang ist. Vielleicht haben Sie sich in Ihrem Job ohnehin nicht wohlgefühlt und sich nur nicht getraut zu kündigen. Jetzt *müssen* Sie einen Neuanfang wagen!

Denken Sie bei einem Bewerbungsgespräch daran, dass nicht nur Sie sich bei der neuen Firma bewerben, die neue Firma bewirbt sich auch bei Ihnen! Dieser Gedanke kann Ihr Selbstbewusstsein stärken und sollte Ihr Auftreten bestimmen. Wenn Sie in ungekündigter Stellung sind, haben Sie die Freiheit, Ihren alten Job zu behalten, wenn Ihnen der in Aussicht stehende nicht gefällt.

Wer bewirbt sich bei wem?

Ihre Beziehung zu Ihrem Beruf

Wenn Sie sich um eine neue Stelle bewerben, kann es vorkommen, dass alle Fakten dafür sprechen, den Job anzunehmen und Sie trotzdem ein ungutes Gefühl haben. Vertrauen Sie auf dieses Gefühl! Ihr Unterbewusstsein registriert eine Fülle von Einzelheiten, die Sie bewusst nicht wahrnehmen, und vergleicht sie mit Mustern aus Ihrer Erfahrung. So entsteht ein intuitives Gefühl, das meist richtig ist. Allerdings sollten Sie prüfen, ob Ihr ungutes Gefühl nicht einfach nur der Angst vor Veränderungen entspringt.

Vertrauen Sie Ihrem Gefühl!

Selbstständig sein oder werden

Viele träumen davon, ihr eigener Herr zu sein – manche schaffen es, diesen Traum zu realisieren. Etwas tun, was einem wirklich Spaß macht, sich von niemandem reinreden zu lassen, sich seine Arbeitszeiten selbst einzuteilen, das sind Gründe, die für eine Selbstständigkeit sprechen. Eines allerdings sollten Sie nicht glauben, wenn Sie den Sprung in die Selbstständigkeit tun: dass Sie dann weniger arbeiten müssten und mehr Freizeit hätten. In aller Regel werden Sie als Selbstständiger – zumindest in der Anfangs-

Selbstständige arbeiten länger!

phase – sehr viel mehr Zeit in Ihre Firma investieren als irgendein Angestellter. Trotzdem werden Sie zufriedener sein, weil Sie sich nicht unterordnen müssen, sondern nun Ihre eigenen Entscheidungen treffen können.

Gründer brauchen Beratung
Wenn Sie den Schritt in die Selbstständigkeit wagen wollen, brauchen Sie kompetente Beratung. Als erstes sollten Sie einen Steuerberater aufsuchen. In manchen Bundesländern gibt es auch Hilfsprogramme für Unternehmensgründer. Erkundigen Sie sich bei den zuständigen Handwerks- oder Industrie- und Handelskammern.

Vielleicht haben Sie sich ausgemalt, dass Sie als Selbstständiger vieles besser machen werden als es in der Firma, in der Sie angestellt waren, gemacht wurde. Nun tragen Sie die Verantwortung für Ihre eigene Firma und müssen wichtige Entscheidungen allein treffen. Nun sind Sie, besonders wenn Sie Angestellte haben, vielleicht in Gefahr, genau die gleichen Fehler zu machen wie Ihre früheren Chefs. Das ist genau das, was Sie *nicht* wollten, also hüten Sie sich davor!

Vermeiden Sie typische »Chef-Fehler«!

Sie sind Chef und Ihr Laden läuft nicht ohne Sie?
Dann haben sie wahrscheinlich etwas falsch gemacht. Wenn Sie Ihren Mitarbeitern nicht zutrauen, ihre Aufgaben selbstständig zu erfüllen, und Sie alles, was gemacht wird, kritisieren, wird sich bald niemand mehr trauen, etwas selbstständig zu machen. Schöpfen Sie das Potenzial Ihrer Mitarbeiter aus, es ist größer als Sie denken.

Vermeiden Sie auch Kompetenzzersplitterungen! Wenn jeder Ihrer Mitabreiter nur für einen kleinen Teilbereich zuständig ist, aber keine echte Entscheidung treffen darf, ohne nachzufragen, lähmt das nicht nur Ihre Mitarbeiter, sondern auch Sie. Sorgen Sie in Ihrem Betrieb für klare Zuständigkeiten und Verantwortlichkeiten.

Lassen Sie sich nicht auf einen Preiskampf ein!
Natürlich möchten Sie neue Kunden gewinnen. Unterbieten Sie Ihre Mitbewerber aber nur, wenn Ihre Kalkulation das zulässt. Überzeugen Sie lieber durch Qualität. Eine Ware oder Leistung unter Preis zu verkaufen, heißt früher oder später selbst unterboten zu werden. Einen Billigeren wird es immer geben. Sorgen Sie dafür, dass es keinen Besseren gibt als Sie!

Ihre Beziehungen zu Ihren Mitmenschen

Der Mensch – ein soziales Wesen

»Es ist nicht gut, dass der Mensch allein sei,« erkannte der Gott des alten Testaments nachdem er Adam erschaffen hatte. Und obwohl das menschliche Zusammenleben von einer Vielzahl von Konflikten geprägt ist, Menschen sich miteinander streiten und Kriege gegeneinander führen, kann doch niemand ohne andere Menschen auskommen. Menschen, mit denen er Zweckgemeinschaften eingeht, um bestimmte Ziele zu erreichen, und *Jeder Mensch braucht andere Menschen* Menschen, mit denen er seine Freuden und Leiden teilen kann.

Dabei kann das Bedürfnis nach Kontakten zu anderen von Mensch zu Mensch verschieden sein. Manchen genügen wenige aber intensive Kontakte mit einem kleinen Kreis von Menschen. Andere brauchen ein ständig aktives Netz von Kontakten zu unterschiedlichen Gruppen. Finden Sie heraus, wo Ihre persönlichen Bedürfnise liegen, und schaffen Sie sich die Kontakte, die Sie brauchen.

Ihre Beziehungen zu Ihren Mitmenschen

Es gibt also, wie bei allen menschlichen Bedürfnissen, auch bei dem Bedürfnis nach menschlichen Kontakten eine gewisse Bandbreite, und es gibt in den Beziehungen zu den Mitmenschen – ebenso wie bei anderen Beziehungen – Verhaltensweisen, die dem Menschen, der sie an den Tag legt, nicht gut tun. Wie überall sollten Sie versuchen, die Extreme zu meiden. Jagen Sie nicht von einer Verabredung zur anderen ohne selbst irgendwann einmal zur Ruhe zu kommen, aber kapseln Sie sich

Wer auf allen Hochzeiten tanzt ...

Der Mensch – ein soziales Wesen

auch nicht von allem ab, was um Sie herum geschieht! Zwei extreme Verhaltensmuster sind hier mit unserem Blütenmodell dargestellt.

Es kommt aber nicht nur auf die Anzahl der Kontakte an, die Sie haben, sondern auch auf deren Qualität. Sie brauchen Kontakte auf verschiedenen Ebenen. Mit manchen Menschen können Sie über Ihre tiefsten Gefühle sprechen, mit einigen verbindet Sie das Interesse für ein Thema und mit anderen sprechen Sie nur über Oberflächliches.

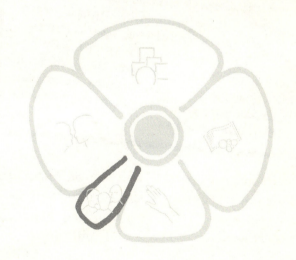

... und wer andere Menschen meidet

Ihre Beziehungen zu Ihren Mitmenschen

Der erste Schritt: Kontakte knüpfen

Wenn Sie ein kommunikativer Typ sind, wird es für Sie etwas ganz Natürliches sein, neue Kontakte zu knüpfen und Ihnen deshalb leicht fallen. Ist das aber nicht der Fall, müssen Sie diese Fähigkeit erlernen und sie bewußt üben. Der erste Schritt dazu ist, etwas zu unternehmen und sich dorthin zu begeben, wo viele Menschen zusammenkommen. Wenn Sie zu Hause bleiben, passiert gar nichts.

> **Warten Sie nicht auf andere!**
>
> Natürlich machen viele Aktivitäten mehr Spaß, wenn Sie sie mit anderen unternehmen. Finden Sie keinen, der mitmacht, benutzen Sie das aber nicht als Ausrede, etwas nicht zu tun! Gehen Sie auch allein zu Veranstaltungen und Ereignissen, die Sie interessieren. Wenn Sie offen dafür sind, finden Sie überall Anschluss.

Suchen Sie neue Kontakte! Sprechen Sie Menschen an, die Ihnen sympathisch oder interessant erscheinen, und kommen Sie mit ihnen ins Gespräch! Es ist immer nützlich und bereichernd, andere Ansichten als die eigenen kennen zu lernen. Haben Sie keine

Werden Sie ein »Menschensammler«!

Angst und nehmen Sie eine eventuelle Zurückweisung nicht persönlich.

Nicht nur auf Gesellschaften, auch auf der Straße, beim Einkaufen, in öffentlichen Verkehrsmitteln oder im Fahrstuhl – wo Sie auch sind, überall finden Sie Anknüpfungspunkte für ein Gespräch. Trainieren Sie, Kommunikationsbarrieren zu überwinden, und lernen Sie, auf Menschen zuzugehen. Sie werden erstaunt sein, wie viele positive Reaktionen Sie erhalten.

Am Anfang ist das Wort

Manchmal genügt eine Frage

Viele Menschen sind froh, wenn sie etwas über sich erzählen können, denn sie interessieren sich überwiegend für sich selbst. Geben Sie diesen Menschen mit einer Frage Gelegenheit dazu. Vielleicht erfahren Sie etwas Interessantes. Auf jeden Fall wird man Sie für einen guten Unterhalter halten – auch wenn Sie kaum zu Wort gekommen sind.

Wenn Sie immer offen auf andere Menschen zugehen, dann wird man sich auch Ihnen öffnen. Verschlossene Menschen, die Angst haben, Informationen über sich preiszugeben, signalisieren damit, dass sie auf der Hut sind und vom anderen einen

Ihre Beziehungen zu Ihren Mitmenschen

Angriff erwarten. Solchen Menschen wird auch niemand mit Offenheit begegnen.

> **Setzen Sie bei Begegnungen positive Signale!**
> Setzen Sie bei der ersten Begegnung mit einem Menschen, den Sie kennen lernen möchten, positive Signale: Lächeln Sie und zeigen Sie Ihre Offenheit durch Ihre Körpersprache. Wer allzu reserviert ist und den anderen »erst einmal kommen lässt«, hat die erste Runde schon verspielt.

Positive Beziehungen zu einem Menschen beginnen oft zufällig, bei einer günstigen Gelegenheit. Bleiben Sie – auch wenn Sie vielleicht im Augenblick anderes im Kopf haben – offen für Zufallseindrücke, und er-

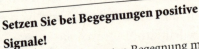
Geben Sie dem Zufall eine Chance!

kennen Sie Möglichkeiten, die sich Ihnen bieten. Denken Sie daran: Was Sie gerade erleben, ist vielleicht wichtiger für Sie, als es Ihnen auf den ersten Blick scheint!

Versuchen Sie aber nicht, etwas zu erzwingen! Wenn Sie mit der Absicht auf eine Gesellschaft gehen, um dort unbedingt interessante Menschen kennen zu lernen, wird Ihnen das meist nicht ge-

Der erste Schritt: Kontakte knüpfen

lingen – möchten Sie sich jedoch nur amüsieren, knüpfen Sie eventuell gute Kontakte. Der Grund: Wenn Sie offener und entspannter sind, sehen Sie mehr. Die Fixierung auf ein einziges Ziel schränkt Ihre Wahrnehmung ein.

> **Wechseln Sie auf Gesellschaften die Gesprächspartner!**
> Sich in einer Gesellschaft den ganzen Abend nur mit ein und derselben Person zu unterhalten, ist nicht nur unhöflich gegen alle anderen, sondern auch schlecht für Sie. So können Sie Ihren Bekanntenkreis niemals erweitern! Nehmen Sie an der allgemeinen Unterhaltung teil oder gehen Sie von einem zum anderen!

Oft werden Sie, wenn Sie in eine Gesellschaft kommen, einen Raum voller unbekannter Menschen vorfinden, die grüppchenweise zusammenstehen und sich unterhalten. Hier müssen *Sie* aktiv werden. Gehen Sie von Gruppe zu Gruppe und hören Sie zu. Wenn Sie eine Unterhaltung interessiert, bleiben Sie stehen und schalten Sie 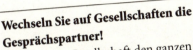 sich bei passender Gelegenheit in das Gespräch ein, denn am besten werden Sie sein, wenn Sie über etwas sprechen, das Sie wirklich interessiert.

Folgen Sie Ihren Interessen!

Ihre Beziehungen zu Ihren Mitmenschen

Ein dichtes Netz von sozialen Beziehungen erhöht Ihre Chancen auf befriedigende Kontakte mit anderen und stärkt Ihre emotionale Stabilität. Außerdem erhöht sich die Wahrscheinlichkeit, dass Sie Informationen erhalten, die Sie für sich nutzen können. Ein solches Netz entsteht aber nicht von allein, Sie müssen etwas dafür tun!

> **Ein Freundeskreis entsteht nicht von allein**
>
> Manchmal ist Ihnen ein Mensch spontan sympathisch. Eine dauerhafte Freundschaft kann daraus nur werden, wenn Sie etwas dafür tun. Halten Sie Kontakt und planen Sie gemeinsame Aktivitäten. Ein lebendiger Freundeskreis braucht immer wieder neue Impulse. Warten Sie nicht auf andere, werden Sie selbst aktiv!

Bleiben Sie immer offen und vermeiden Sie es, Menschen in Schubladen zu stecken! Versuchen Sie nicht, jemanden, den Sie kennen lernen, sofort einzuordnen, sondern lassen Sie sich erst einmal ganz auf ihn ein. Wenn Sie jeden gleich in eine Schublade stecken, lernen Sie niemanden kennen, sondern reproduzieren nur Ihre eigenen Vorurteile.

Lassen Sie sich ganz auf Menschen ein!

Die Spielregeln der Kommunikation

Je dichter das Netz von sozialen Beziehungen geknüpft ist, in dem sie sich bewegen, desto wichtiger wird es für Sie sein, den Menschen, mit denen Sie zu tun haben auf die richtige Weise zu begegnen. Es ist gut zu wissen, worüber Sie sprechen können und worüber Sie nicht sprechen sollten, und natürlich ist es auch wichtig *wie* Sie die Dinge sagen, denn: »Der Ton macht die Musik.« Das Wichtigste aber ist, dass Sie Ihren Mitmenschen immer mit einer positiven und offenen Haltung gegenübertreten, dann werden Sie das meiste ganz von selbst richtig machen.

Kann man wirklich über alles reden?
Auf Gesellschaften sollte die Unterhaltung die Gäste »unterhalten«. Meiden Sie deshalb Themen, die Streitpotential enthalten könnten: Politik und Religion sind oft ein schwieriges Terrain, Sie können nicht immer wissen, welcher Richtung Ihr Gegenüber zuneigt. Wechseln Sie im Zweifelsfall zu einem unverfänglichen Thema!

Wenn Sie zu Gast sind, sollten Sie auch nicht versuchen, andere zu Ihrer Lebensweise zu bekehren. Was Sie für sich als richtig erkannt haben, muss nicht unbedingt auch für andere gut sein. Selbst, wenn Sie objektiv Recht haben, wird man Ihre Einmischung in den meisten Fällen als lästig empfinden.

> **Unerbetene Ratschläge fallen oft auf unfruchtbaren Boden!**
> Wenn jemand über seine Probleme spricht und Sie glauben, genau erkannt zu haben, wie er oder sie diese lösen kann, halten Sie sich trotzdem mit Ratschlägen zurück! Ihr Gesprächspartner hat wahrscheinlich nur versucht, Interesse und Mitgefühl bei Ihnen zu wecken. Geben Sie Ratschläge nur, wenn Sie ausdrücklich darum gebeten werden.

Ein Gespräch lebt vom gegenseitigen Austausch von Informationen. Wenn Sie Angst haben, irgendetwas von sich preiszugeben, werden Ihre Gesprächspartner bald das Interesse an Ihnen verlieren. Sie brauchen sich zwar nicht bis aufs Letzte ausfragen zu lassen, aber wenn Sie allzu verschlossen sind, werden Sie selbst auch nichts über Ihr Gegenüber erfahren.

Wer nichts erzählt, erfährt auch nichts

Denken Sie aber immer daran, dass nicht alles, was Sie im Gespräch erfahren, sich auch dazu eignet, weitererzählt zu werden. Für viele gibt es nichts

Schöneres, als über andere herzuziehen. Versorgen Sie solche Menschen nicht mit Stoff, glauben Sie nicht alles, was sie Ihnen erzählen, und lassen Sie Ihr Urteil über andere nicht von solchen Klatschgeschichten beeinflussen. Und vor allen Dingen: Tragen Sie keinen Klatsch weiter!

Denken Sie daran, dass zu einem Gespräch zwei gehören!
Bleiben Sie nicht stumm, aber erzählen Sie auch nicht nur von sich! Jeder Mensch hat interessante Seiten. Bringen Sie Ihrem Gegenüber echtes Interesse entgegen, dann wird man sich auch für Sie interessieren. Kommen Sie aber tatsächlich einmal nicht zu Wort, ist es nicht so tragisch, wenn Sie selbst dafür Neues erfahren haben.

Kommunikation findet nicht nur mit Worten statt. Achten Sie auch auf Ihre Körpersprache. Beginnen Sie ein Gespräch mit einem Lächeln, wenden Sie sich Ihrem Gesprächspartner zu und nicht von Ihm ab! Sorgen Sie

Achten Sie auf Ihre Körpersprache!

für eine offene Körpersprache: keine verschränkten Arme oder Beine. Gehen Sie mit offenen Händen auf ihn zu. So schaffen Sie eine positive Gesprächsatmosphäre.

Haben Sie auch schon die Erfahrung gemacht, dass Menschen, die Sie sympathisch finden, auch Ihnen gegenüber Sympathie erkennen lassen? Das ist keine geheimnisvolle Seelenverwandschaft, sondern hat ganz einfach etwas damit zu tun, wie Sie auf diese Menschen zugehen. Wenn Sie positive Signale aussenden, kommen auch positive Signale zurück!

Sympathie ist ansteckend

Im Gespräch oder auch wenn Sie eine kleine Ansprache halten müssen, können Sie die Stimmung mit etwas Humor auflockern! Das ist auch bei beruflichen Zusammenkünften nicht verkehrt. Natürlich müssen Sie immer daran denken, was ankommt und was nicht. Das wird im Einzelfall davon abhängen, wer Ihr Gesprächspartner oder Ihr Publikum ist.

Smalltalk – die Kunst des Oberflächlichen

Oftmals heißt es von einem Gespräch »Es war *nur* Smalltalk.« Dabei will Smalltalk durchaus gekonnt sein und hat überdies eine wichtige Funktion, wenn es um die Anbahnung von Kontakten geht. Man tastet sich mit Unverbindlichkeiten vor, erkundet, ob man sich sympathisch ist und gemeinsame Interessen hat.

Bei einer schriftlichen Einladung sollten Sie, auch wenn nicht ausdrücklich darum gebeten wurde, Ihrem Gastgeber eine kurze Nachricht geben, ob (und mit wie vielen Personen) Sie kommen. Es hilft ihm bei der Planung und Vorbereitung seines Festes. Ihre Zu- oder Absage können Sie auch gleich zum Anlass nehmen, sich für die Einladung zu bedanken.

Wie unpünktlich muss man sein?
Gäste, die auf den Punkt genau auf der Matte stehen, bringen ihre Gastgeber oftmals in Verlegenheit, weil die noch mit den letzten Vorbereitungen beschäftigt sind. Geben Sie ruhig ein Viertelstündchen zu. Länger sollten Sie aber niemanden warten lassen, besonders nicht, wenn Sie zum Essen eingeladen sind.

Bewerten Sie Ihre sozialen Beziehungen

Das Netz sozialer Kontakte, das Sie sich aufgebaut haben, wird sich in dem Maße verändern, wie Sie sich persönliche weiterentwickeln. Nicht nur durch Umzug, das Ende oder den Neubeginn von Beziehungen ändert sich Ihr Kontaktnetz. Interessen und Status können sich bei Ihnen ebenso verändern wie bei Ihren Bekannten. Dadurch entstehen andere Bedürfnisse an Ihre Kontaktpartner. Alte Kontakte werden abgebrochen oder schlafen ein und neue bilden sich.

Es geht nicht nur nach Sympathie

Nicht immer wird es dabei nur nach Sympathie gehen, denn Sie können nicht jeden sympathisch finden, mit dem Sie Kontakt haben. Manche Kontakte halten Sie wegen beruflicher Aspekte aufrecht. Manche Personen können sie nicht ignorieren, weil sie zu einem Kreis von anderen gehören, mit denen Sie gern Kontakt haben. Wie überall müssen Sie auch hier so manchen Kompromiss machen.

>
> **Auch Nervensägen gehören manchmal dazu**
> Ihre Freunde können Sie sich aussuchen, Verwandte und Kollegen dagegen nicht. Trotzdem sollten Sie lernen, auch mit Menschen auszukommen, die Sie nicht mögen und die vielleicht etwas schwierig sind. Halten Sie zu solchen Menschen etwas mehr Distanz, dann wird es nicht so leicht zu Konflikten kommen.

Allerdings gibt es auch Menschen, die Ihnen nur Ihre Zeit stehlen und auf deren Bekanntschaft Sie lieber verzichten sollten. Wer Ihnen immer wieder die alten Geschichten erzählt, die Sie schon längst kennen, von wem Sie nur noch hören, was er sich wieder alles Neues gekauft hat und wie viel Erfolg er im Beruf hat, zu dem sollten Sie den Kontakt einschlafen lassen oder abbrechen und sich eingestehen, dass sie sich auseinandergelebt und nichts mehr zu sagen haben.

Entrümpeln Sie Ihre Adressenliste!
Wenn Sie daran gehen, Weihnachtskarten zu schreiben, ist die beste Gelegenheit dazu. Sortieren Sie die Adressen von allen Leuten aus, mit denen Sie ein Jahr oder länger keinen Kontakt hatten. Wenn Menschen darunter sind, zu denen Sie den Kontakt halten möchten, dann tun Sie es – aber nicht nur zu Weihnachten!

Haben Sie auch schon manchmal gedacht, wenn Sie die Gespräche der Runde, in die Sie geraten sind, nur noch ärgern oder anöden, dass Sie *Besser allein als in schlechter Gesellschaft* besser allein geblieben wären? Gerade weil soziale Kontakte und die Nähe anderer Menschen so wichtig sind, kann es, wenn man in die falsche Gesellschaft gerät, Stress auslösen. Meiden Sie, wen Sie gar nicht ausstehen können!

Lassen Sie sich nicht ausnutzen

Viele und befriedigende soziale Kontakte zu haben, muss nicht bedeuten, immer und überall dabei zu sein und alles mitzumachen – und schon gar nicht, alles mit sich machen zu lassen.

> **Lassen Sie sich nicht von Rollenerwartungen gängeln!**
> Sie wollen von Ihrer Umwelt akzeptiert werden und nach Möglichkeit nicht auffallen? Dann laufen Sie Gefahr, ein Opfer von Erwartungen zu werden, die andere in Sie setzen. Verstellen Sie sich nicht, um dem Bild zu entsprechen, das man gern von Ihnen hätte! Seien Sie selbstbewusst und gehen Sie Ihren eigenen Weg!

Wenn Sie immer derjenige sind »an dem alles hängen bleibt«, machen Sie etwas falsch. Sagen Sie auch einmal Nein, wenn im Verein Aufgaben verteilt werden oder jemand Sie um einen Gefallen bittet. Sie sind nicht für alle und alles verantwortlich. Treten Sie ruhig einmal beiseite, damit andere zum Zuge kommen! Sie sind im Beruf und auch in manchen anderen Bereichen so vielen Zwängen unterworfen, dass Sie sich in Ihrer Freizeit nicht auch noch selbst Dinge auferlegen

Lernen Sie, Nein zu sagen!

sollten, die Sie eigentlich nicht gerne tun. Sagen Sie öfter einmal Nein, wenn Sie keine Lust auf eine Verabredung haben oder eine Verpflichtung Ihnen lästig ist.

> **Opfern Sie sich nicht für andere auf!**
>
> Hilfsbereite Menschen sind beliebt, aber Achtung: Sie werden auch leicht ausgenutzt. Wenn Sie merken, dass Sie nur noch für andere da sind und für sich selbst keine Zeit mehr haben, läuft etwas schief. (Wenn Sie es nicht merken, vielleicht erst recht!) Sagen Sie auch einmal Nein und lernen Sie Ihre eigenen Bedürfnisse kennen.

Je weniger Sie sich gegen kleine Zurücksetzungen wehren, desto schwerer wird es für Sie, bei wirklichen Zumutungen Nein zu sagen. Reden Sie sich nicht ein, dass es sich bei Kleinigkeiten nicht lohne, sich zu wehren, nehmen Sie es als Anlass, das Nein-Sagen zu trainieren! Überwinden Sie Ihre Konfliktscheu und halten Sie sie nicht für Großzügigkeit!

Ihre Beziehung zu Ihrem Partner

Ihr Partner als wichtigste Bezugsperson
Hier geht es um Ihr Verhältnis zu dem Menschen, der zum innersten Kreis Ihres Lebens gehört. Das kann ein Ehe- oder Lebenspartner oder auch ein Freund, eine Freundin oder ein Familienmitglied sein. Ein Mensch, dem Sie ganz vertrauen und der Ihnen ganz vertraut.
Ihr Partner, der Mensch, dem Sie am nächsten stehen, ist damit zwar Ihre wichtigste, aber er darf natürlich nicht Ihre einzige Bezugsperson sein. Jeder, auch wenn er in einer Partnerschaft lebt, steht darüber hinaus in vielfältigen Beziehungen zu anderen Personen und Gruppen. Die Partnerschaft ist ein Rückzugsort. Hier schöpft der Mensch immer wieder Kraft aus der Nähe zu einem anderen und stärkt seine emotionale Stabilität.

Gleichgewicht in der Partnerschaft
Zu Beginn einer Partnerschaft, im Zustand der Verliebtheit, besetzt der andere zunächst unser ganzes Denken und Fühlen, und die übrigen Beziehungen zur Welt verlieren vorübergehend an Be-

deutung. Soll eine Partnerschaft die erste Verliebtheit überdauern, muss ein Gleichgewicht zwischen Nähe und Distanz, zwischen gemeinsamen und Einzelaktivitäten der Partner gefunden werden. Dieses Gleichgewicht müssen beide, so lange die Partnerschaft dauert, immer wieder neu herstellen.

Zwischen Nähe und Distanz

Stellenwert der Partnerschaft

Für den einzelnen aber darf die Partnerschaft kein Stützpunkt sein, an dem man nur auftankt, seine eigentlichen Aktivitäten aber anderswo stattfinden lässt, und auch kein Ort, an den man vor der Welt flüchtet. Eine lebendige Partnerschaft kennt das Alleinsein zu zweit, das der Welt Gegenübertreten als »Wir« und auch Beziehungen jedes einzelnen Partners zu anderen.

An unserem Blütenmodell haben wir bereits Beispiele gezeigt, in denen die Partnerschaft zu kurz kommt. Das ist regelmäßig dort der Fall, wo der Beruf einen so großen Stellenwert einnimmt, dass alles andere an den Rand gedrängt wird. Auch eine einseitige Ausrichtung auf Materielles oder übermäßige gesellschaftliche Betriebsamkeit können den Stellenwert der Partnerschaft verringern. Wer

Ihre Beziehung zu Ihrem Partner

nur noch für seinen Partner da sein will, wird seine Außenkontakte meist stark einschränken und in einer kleinen, von allem anderen abgekapselten Welt leben, dabei oft krankhaft eifersüchtig sein und damit die Partnerschaft eher belasten als fördern. Eine solche Konstellation ist in dem unten gezeigten Blütenmodell dargestellt.

»Ich möchte nur noch für Dich da sein!«

Möglichkeiten der Partnerschaft

Am Anfang einer Partnerschaft stehen zwei Menschen, die zusammenkommen wollen und von denen jeder ein Bild von Partnerschaft hat, das geprägt ist von seinen im Unterbewusstsein wirkenden Vorstellungen von überkommenen Geschlechterrollen, von gesellschaftlichen Konventionen und den Erwartungen, die Eltern und Freunde in ihn setzen. Haben Sie den Mut, gemeinsam all diesen Ballast abzuwerfen, und erfinden Sie die Welt für sich neu! Dann kann es ganz *Ihre* Welt werden.

Erfinden Sie die Welt neu!

Überprüfen Sie Ihre Rollenerwartungen!
Selbstverständlich wissen Sie, dass die alten Rollenklischees für Mann und Frau heute nicht mehr gelten. Trotzdem sind diese im Unterbewusstsein oft noch gespeichert und prägen manche Ihrer Erwartungen. Überlegen Sie, welches Rollenbild Sie vom anderen Geschlecht haben und sprechen sie mit Ihrem Partner darüber.

Wer stets auf Sicherheit bedacht ist und sich vor Veränderungen fürchtet, wird nichts wagen und nichts gewinnen. Das gilt besonders für das Zusammenleben zweier Menschen, es ist immer ein

Wagnis. Wenn Sie sich darauf einlassen, müssen Sie bereit sein, sich in der Partnerschaft zu verändern, und das ist auch eine Chance für Sie!

Ihren Partner sollten Sie aber so annehmen, wie er ist. Versuchen Sie nicht, ihn umzuerziehen, damit er Ihrem Idealbild entspricht. Nehmen Sie ihn, wie er ist. Er ist ein fertiger Mensch und kein Bausatz für einen Märchenprinzen oder eine Märchenprinzessin. Denken Sie daran, dass vielleicht auch Sie nicht genau dem Idealbild Ihres Partners entsprechen.

Nehmen Sie Ihren Partner an, wie er ist!

Geben Sie in der Partnerschaft nicht sich selbst auf!
Wer seine eigenen Bedürfnisse immer zurückstellt und versucht, alles dem Partner zuliebe zu tun, schadet nicht nur sich selbst, sondern auch der Beziehung. Stellen Sie immer wieder ein Gleichgewicht zwischen Ihren eigenen Bedürfnissen und denen Ihres Partners her. Nur dann wird die Beziehung lebendig bleiben.

Haben Sie den Mut zu einer unvollkommenen Beziehung! Orientieren Sie sich nicht an alten Klischees vom Glück zu zweit. Jede Partnerschaft ist ein neues Experiment. Sprechen Sie mit Ihrem Partner über Ihre gegenseitigen Erwartungen und finden Sie einen gangbaren Kompromiss.

Partnerschaftskonflikte lösen

Konflikte gibt es in jeder Partnerschaft immer wieder, sie gehören zum Zusammenleben. Werden sie aber nicht ausgeräumt, können sie zu einer Belastung werden, zu schwerem Ballast, den Sie unbedingt loswerden sollten, denn schwelende Konflikte können die Partnerschaft gefährden.

Kehren Sie Konflikte nicht unter den Tisch!
Werden Sie nicht Opfer eines falsch verstandenen Strebens nach Harmonie. Tragen Sie Konflikte aus und streiten Sie sich. Es müssen ja nicht gleich die Fetzen fliegen! Manchmal ist Streit nötig, um gegenseitig die Grenzen neu abzustecken. Außerdem ist erwiesen, dass gelegentlicher Streit das Sexualeben stimuliert.

Sprechen Sie deshalb Konfliktstoff an, sobald er entsteht! Wenn sich Unausgesprochenes über einen längeren Zeitraum aufstaut, kann ein nichtiger Anlass das Fass zum Überlaufen bringen und einen ernsten Streit auslösen, bei dem oft viel mehr als nur Porzellan zerschlagen wird. Bereinigen Sie kleine Konflikte also sofort, damit keine größeren daraus werden. Sprechen Sie ruhig auch Bagatellen an, denn selbst aus Kleinigkeiten können große Probleme werden.

Bereinigen Sie Konflikte sofort!

Allerdings kann auch ein Streit, der mit Kleinigkeiten beginnt, leicht eskalieren und ins Grundsätzliche gehen. Bei einem konstruktiven Streit sollten Sie immer wissen, worum es Ihnen geht. Was wollen Sie erreichen? Was wünschen Sie, das Ihr Partner tut, unterlässt oder anders macht? Grenzen Sie das Thema ein und vermeiden Sie allgemeine Beschuldigungen.

Bleiben Sie immer sachlich!

Sprechen Sie miteinander – gerade in Krisenzeiten!
Nichts kann schlechter für eine Beziehung sein, als wenn sich einer schweigend zurückzieht. Doch gerade in Konflikten ist die Gefahr von Missverständnissen am größten. Bleiben Sie sachlich und vermitteln Sie Ihrem Partner, dass Sie ihn lieben und zu ihm stehen – unabhängig davon, was Sie ihm gerade sagen wollen.

Doch erwarten Sie nichts von Ihrem Partner, das Sie selbst leisten müssen! Wenn Sie zum Beispiel wenig Selbstwertgefühl haben, von ständiger Zukunftsangst geplagt werden und glauben, dass Ihr Partner Ihnen da heraushelfen muss, dann verlangen Sie zuviel. Eine Partnerschaft ist keine Therapie. Ihr Partner kann Sie unterstützen, aber vor allem müssen Sie selbst etwas tun, die Dinge selbst in Angriff nehmen.

Es gibt Dinge, die Sie selbst tun müssen

Auch wenn Sie unter ständiger Eifersucht leiden, kann der Grund bei Ihnen und nicht bei Ihrem Partner liegen.

Eifersucht ist Misstrauen gegen sich selbst

Neigen Sie zu grundloser Eifersucht? Dann stärken Sie Ihr Selbstwertgefühl, denn Eifersucht ist meist ein Ausdruck von Unsicherheit. Sie können im Innersten nicht glauben, dass Sie geliebt werden. Glauben Sie an sich, und werten Sie die positiven Signale, die Ihnen Ihr Partner gibt, richtig!

Wenn Sie dazu neigen, sich bei Freundinnen oder Freunden über Ihren Partner zu beklagen, sollten Sie sich fragen, ob Sie im Grunde an der Situation gar nichts ändern wollen, sondern nur Verbündete,

Ihre Beziehung zu Ihrem Partner

suchen, die Sie in Ihrer negativen Meinung bestärken. Möchten Sie das Problem wirklich lösen, sollten Sie mit Ihrem Partner sprechen. Wenn Sie etwas an seinem Verhalten auszusetzen haben, sagen Sie es ihm!

> **Eine Partnerschaft ist kein Quiz. Sagen Sie sich, was Sie voneinander erwarten!**
> Können Sie alle Wünsche Ihres Partners erraten? Dann erwarten Sie auch nicht, dass er Ihre Wünsche errät! Viele Konflikte entstehen dadurch, dass der eine glaubt, der andere müsse »von selbst darauf kommen«, was man sich wünscht. Formulieren Sie Ihre Wünsche, aber bitten Sie, fordern Sie nicht!

Die Partnerschaft lebendig halten

Eine oft noch größere Gefahr als die kleineren oder größeren Konflikte birgt für eine Partnerschaft der Alltag, in dem alles Gewohnheit wird, die Liebe einschläft und sich keiner der beiden Partner mehr die Mühe macht, dem anderen seine Zuneigung zu zeigen.

Wenn aus Liebe Gewohnheit wird ...

Auch wenn es nicht einfach ist, sollten Sie sich trotz beruflicher und anderer Belastungen immer wieder Zeit für Zweisamkeit reservieren.

Die Partnerschaft lebendig halten

Von einem Menschen geliebt zu werden ist ein Geschenk

Denken Sie immer daran, dass Liebe ein Geschenk ist. Trotz aller Ratschläge, wie man Liebe erlangt oder erhält, ist nicht voraussehbar, ob Sie geliebt werden oder jemanden lieben. Lernen Sie Liebe als ein Geschenk anzunehmen, das Sie gut pflegen sollten, damit es Ihnen lange Freude bereitet.

Paare, die schon lange zusammen sind, merken oft gar nicht mehr, wie lieblos sie miteinander umgehen. Auch wenn vielleicht nicht immer alles so gemeint ist wie es für Außenstehende klingen mag, macht doch der Ton die Musik. Gehen Sie respektvoll miteinander um, und sagen Sie sich von Zeit zu Zeit auch einmal etwas Nettes!

Der Ton macht die Musik

Behandeln Sie Ihren Partner wie einen guten Kunden!

Wenn Sie mit einem Kunden sprechen, den Ihre Firma nicht verlieren will, sind Sie aufmerksam, hören gut zu und beachten seine Einwände und Wünsche – auch wenn Sie keine besondere Sympathie für ihn empfinden. Sich die gleiche Mühe mit Ihrem Partner zu geben, den Sie mögen, sollte viel leichter sein!

Ihre Beziehung zu Ihrem Partner

Alles, was Sie zu Beginn Ihrer Partnerschaft unternommen haben, um sie in Gang zu bringen, hilft auch, sie lebendig zu halten. Schreiben Sie doch mal wieder einen Liebesbrief. Es muss gar kein richtiger langer Brief sein, es genügt ein Zettel mit ein paar Nettigkeiten und vielleicht einer Einladung zum Essen oder ins Kino.

Gemeinsame Unternehmungen stärken die Partnerschaft
Auch wenn Sie nicht alle Interessen ihres Partners teilen, machen Sie hin und wieder einen Kompromiss. Gehen Sie mit ihm in eine Ausstellung, die Ihn interessiert, und nehmen Sie ihn mit in das Musical, das Sie gerne sehen möchten. Jeder bekommt neue Anregungen, und die Partnerschaft wird gestärkt.

Planen Sie gemeinsame Unternehmungen mit Ihrem Partner fest ein. Ihr Privatleben ist kein Zeitreservoir, dass Sie ungestraft anzapfen können, wenn Ihnen im Beruf die Termine davonlaufen. Wenn Sie sich gemeinsam etwas vorgenommen haben und Sie sagen ab, weil Ihnen etwas vermeintlich Wichtiges dazwischengekommen ist, dann signalisieren Sie Ihrem Partner damit, dass er für Sie nicht so wichtig ist.

Planen Sie Gemeinsamkeit!

Machen Sie aber nicht den Fehler, die gemeinsame Zeit, die Sie miteinander verbringen, restlos zu verplanen. Gönnen Sie Ihrer Partnerschaft auch freie, unverplante Zeit.

Planen Sie Ihre Beziehung nicht kaputt!
Beruflicher und gesellschaftlicher Erfolg werden heute oft daran gemessen, dass ein Termin oder ein Event dem anderen folgt, und natürlich ist es auch für Ihre Beziehung gut, wenn Sie gemeinsam etwas unternehmen. Lassen Sie aber auch unverplante Zeit zu! Stille Stunden des Miteinanders braucht Ihre Beziehung auch.

Stille Stunden zu zweit sind die besten Gelegenheiten, um sich über Gefühle auszutauschen. Wenn Sie nicht offen miteinander über das sprechen, was Sie bewegt, können Missverständnisse entstehen, die die Intimität Ihrer Beziehung einschränken. Es gibt im Beruf und im gesellschaftlichen Leben viele Gelegenheiten, bei denen Sie eine Maske tragen müssen – in Ihrer Beziehung sollten Sie das nicht tun. Gerade, *Sprechen Sie offen über Ihre Gefühle!* wenn Sie schon lange zusammen sind, glauben Sie vielleicht, einander ganz genau zu kennen. Das ist oft ein Irrtum, den Sie nur aufdecken können, wenn Sie miteinander über sich und Ihre Beziehung sprechen. Lernen Sie zu akzeptieren, dass Ihr Partner dieselbe Wirklichkeit eventuell ganz anders erlebt als Sie. Überlegen Sie, wie gut Sie Ihren Partner wirklich kennen und werden Sie wieder neugierig aufeinander.

Wie gut kennen Sie Ihren Partner wirklich?

Irgendwann glaubt man, alles über den anderen zu wissen und ihn genau zu kennen. Aber kennen Sie wirklich den Lebenstraum Ihres Partners, wissen Sie was ihn bewegt und was er von der Beziehung mit Ihnen erwartet? Stellen Sie diese Frage nicht nur sich selbst, sondern sprechen Sie auch mit Ihrem Partner darüber.

Lassen Sie sich nicht einreden, dass Sex immer spontan sein muss. Wenn Sie beide einen vollen Arbeitstag haben, bleibt für Spontaneität kaum Zeit übrig. Treffen Sie deshalb doch einmal eine Verabredung zu einem intimen Rendezvous mit Ihrem Partner, schaffen Sie einen anregenden Rahmen dafür, und genießen Sie die Vorfreude auf zärtliche Stunden zu zweit.

Verabreden Sie sich für zärtliche Stunden!

Die Partnerschaft lebendig halten

Nehmen Sie sich nicht nur dann einen Babysitter, wenn Sie zu einer Gesellschaft eingeladen sind. Schaffen Sie sich damit auch Zeit für Aktivitäten, die Sie nur zu zweit unternehmen. Wenn Sie sich von Zeit zu Zeit einen freien Tag vom Eltern-Sein nehmen, wird Ihre Beziehung lebendig bleiben. Das ist auch im Interesse Ihrer Kinder.

>
> **Schenken Sie sich doch einmal Zeit!**
> Zum Geburtstag, zu Weihnachten oder was Sie sonst noch feiern, muss es nicht unbedingt noch ein Schmuckstück oder noch eine Krawatte sein. Schenken Sie Ihrem Partner doch einfach Zeit. Ein Wochenende zu zweit oder ein Tag, den Sie zusammen verbringen, kann ein Geschenk sein, an das Sie sich beide noch lange erinnern werden.

Was Sie zusammen erlebt haben, dürfen Sie auch zusammen in der Erinnerung genießen. Konservieren Sie positive Augenblicke Ihrer Beziehung, indem Sie mit Ihrem Partner darüber sprechen und sich gemeinsam erinnern. Nehmen Sie eventuell alte Fotos zur Hand und erneuern Sie positive Gefühle füreinander. Eine solche Erinnerungsstunde gibt Ihnen Kraft für eine gute Strecke Alltag.

Genießen Sie gemeinsame Erinnerungen!

Eine Partnerschaft beenden

Es gibt heute immer mehr Partnerschaften, die trotz aller Bemühungen irgendwann nicht mehr funktionieren und für beide Partner nur noch eine Belastung sind. Dann ist eine Trennung unausweichlich. Das Paar steht oft im Wirbel widerstreitender Gefühle – besonders wenn einer der Partner die Notwendigkeit einer Trennung noch nicht akzeptiert hat.

Sehen Sie den Tatsachen ins Auge!
Wenn Ihr Partner die Beziehung lösen will, können Sie ihn nicht halten. Alle Versuche, das zu tun, verlängern nur die Trennungsphase, in der sich bei beiden Schuldgefühle und die Angst vor Einsamkeit mit Wut und Trauer abwechseln.

Glauben Sie nicht, das wäre für Sie das Ende der Welt, auch wenn es Ihnen im Augenblick so erscheint, und versuchen Sie, das was zu regeln ist, im gemeinsamen Einvernehmen zu regeln. Das ist besonders wichtig, wenn Kinder da sind, denn auch der Partner, der nicht mehr mit den Kindern in einem Haushalt leben wird, soll ja nach der Trennung den Kontakt zu den Kindern aufrecht halten.

Treffen Sie einvernehmliche Regelungen!

Eine Partnerschaft beenden

Eine Trennung ist ein Einschnitt in Ihrem Leben, und Sie werden Trauerarbeit leisten müssen, um das Geschehene zu überwinden.

Trauerarbeit ist nötig.

Verfallen Sie aber nicht auf den Fehler, alles was gewesen ist, negativ zu betrachten. Es gab in Ihrer Partnerschaft gewiss auch schöne Zeiten, die jetzt zu Ihrer persönlichen Geschichte gehören und die Ihnen niemand mehr nehmen kann.

Ziehen Sie Bilanz und betrachten Sie diese Zeiten. Das kann Ihnen helfen, sich von der Vorstellung zu lösen, dass Ihre Beziehung gescheitert ist. Beendet und gescheitert sind nicht dasselbe!

Trauern Sie Ihrer alten Beziehung nicht ewig nach, finden Sie eine neue Zukunft!
Nach einer Trennung sollten Sie Ihre alte Beziehung weder verteufeln noch sie in Ihrer Erinnerung vergolden. Sie sind um eine Erfahrung reicher geworden. Finden Sie eine realistische Einstellung zu dem, was gewesen ist, und wenden Sie sich der Gegenwart zu!

Ihr Körper und Ihre Gesundheit

Ihr Verhältnis zu Ihrem Körper

Natürlich genügt es nicht, gesund zu sein, um ein erfülltes und ausgeglichenes Leben zu führen, aber ohne Zweifel ist etwas Wahres an dem Sprichwort: »Gesundheit ist nicht alles, aber ohne Gesundheit ist alles nichts.«

Die meisten Menschen sind gewohnt, es als selbstverständlich hinzunehmen, dass ihr Körper ständig und ohne Unterbrechung wie eine Maschine funktioniert, und beginnen erst dann, sich mit ihm und seinem Zustand zu beschäftigen, wenn irgendwelche Beschwerden bei Ihnen auftreten. Während einer Krankheit kann die Beobachtung

Wir wollen, dass unser Körper funktioniert

des eigenen Körpers schließlich so wichtig werden, dass alle anderen Wahrnehmungen in den Hintergrund treten. Das ist verständlich, wenn es sich um ein schweres Leiden handelt, das es dem Menschen nicht erlaubt, sein Leben weiter in der gewohnten Weise zu führen. Wird aber jede kleine Befindlichkeitsstörung mit großer Aufmerksamkeit verfolgt

Ihr Verhältnis zu Ihrem Körper

und hinter ihr sofort eine schwere oder gar lebensbedrohende Krankheit vermutet, dann besteht die Gefahr, dass vor lauter Sorge um die Gesundheit das Leben zu kurz kommt.

Ebenso ängstlich wie nach Anzeichen von Krankheiten, suchen manche Menschen ihren Körper immer wieder nach den Spuren des Alters ab, die sie dann mit allen Mitteln zu bekämpfen oder wenigstens zu kaschieren versuchen.

Übermäßige Aufmerksamkeit auf den Körper richten auch Menschen, die unbedingt einem Schönheitsideal gleichen oder nahekommen möchten. Wie viele durchaus normalgewichtige Frauen nehmen Diäten auf sich, damit ihr Körper dem eines schlaksigen pubertierenden Mädchens gleicht? Man überlege einmal wieviel Zeit aufgewendet wird und welche Torturen bereitwillig erduldet werden, nur um jünger und schöner auszusehen.

Schönheit und Jugend um jeden Preis?

Wie sich eine übermäßige Angst vor dem Krankwerden und den Begleiterscheinungen des Alters oder auch ein übertriebener Körperkult, um einem Schönheitsideal zu entsprechen, in unserem Blütenmodell darstellt, zeigt die Abbildung auf der nächsten Seite.

Ihr Körper und Ihre Gesundheit

Wenn der Körper im Mittelpunkt steht

Wenden Sie Ihrem Körper und Ihrer Gesundheit das richtige Maß an Aufmerksamkeit zu. Ignorieren Sie die Signale nicht, die Ihr Körper Ihnen gibt, aber suchen Sie nicht ständig nach Krankheitssymptomen. Das beste Mittel, um gesund und leistungsfähig zu bleiben, ist es, gesund zu leben.

Gesunde Lebensführung beugt Krankheiten vor

Dazu gehören eine ausgewogene Ernährung, ausreichende Bewegung und genügend Schlaf.

Das Richtige essen und trinken

Der Mensch der modernen Zivilisation hat sich eine ganze Reihe von Hilfsmitteln geschaffen, die ihm körperliche Arbeit weitgehend ersparen. Daran gemessen, isst er meist viel zu viel und zudem sind es oft die falschen Nahrungsmittel, die er zu sich nimmt.

Die beste Garantie dafür, dass Sie die etwa vierzig für Ihre Gesundheit wichtigen Nährstoffe in ausreichender Menge zu sich nehmen, ist Abwechslung. Kein einzelnes Lebensmittel – die Muttermilch ausgenommen – kann einen Menschen mit allem versorgen, was sein Organismus braucht. Nutzen Sie deshalb unbedingt die Vielfalt der angebotenen Nahrungsmittel.

Gesunde Ernährung durch Vielfalt

Gesunde Ernährung macht manches Medikament überflüssig
Alltagsbeschwerden und Befindlichkeitsstörungen sind oft Folgen eines ungenügend funktionierenden Stoffwechsels. Dem lässt sich mit abwechslungsreicher Mischkost vorbeugen. Achten Sie stets auf eine ausgewogene Mischung von Kohlenhydraten, Fetten und Eiweiß, und sorgen Sie auch für ausreichend Vitamine und Mineralien.

Ihr Körper und Ihre Gesundheit

Um sich und Ihre Familie gesund zu ernähren, müssen Sie wissen, was alles in den einzelnen Lebensmitteln steckt, die sie kaufen. Achten Sie deshalb auf die auf jeder Packung aufgedruckte Zutatenliste.

> **Was steckt in den Lebensmitteln?**
>
> Auf Lebensmitteletiketten finden Sie eine Zutatenliste. Was dort an erster Stelle steht, ist der Bestandteil mit dem größten Mengenanteil. Das ist nicht immer der Bestandteil, der dem Produkt den Namen gibt. Eine Nuss-Nougat-Creme müsste danach eigentlich Zucker-Fett-Creme heißen, und viele Wurstsorten (auch Geflügelwurst!) bestehen hauptsächlich aus Schweinefett.

Meiden Sie vor allen Dingen Zucker in Ihrer Ernährung. Zu viel Zucker kann eine ganze Reihe von Krankheiten verursachen, und er ist sehr oft der Hauptverantwortliche für Übergewicht. Achten Sie dabei auch auf versteckten Zucker. Lesen Sie die Etiketten auf den Lebensmittelpackungen und vor allem auch auf den Erfrischungsgetränken! Oft finden Sie dort Bezeichnungen wie Saccharose, Glukose oder Glukosesirup, auch das sind Zuckerarten.

Das süße Leben ist nicht gesund!

Das Richtige essen und trinken

Verzichten Sie auf die Zwischendurch-Naschereien!
Ob Schoko- oder Müsli-Riegel, Plätzchen, Kuchen, Salzstangen, Chips, Schokolade oder süße Getränke, auf all das sollten Sie zwischen den Mahlzeiten verzichten. Nicht echter Hunger treibt Sie zu diesen Dingen. Sie bekämpfen damit die Langeweile oder möchten sich für einen Augenblick von Ihrer Arbeit ablenken.

Wenn Sie das Gefühl haben, Sie müssten zwischendurch eine Kleinigkeit essen, greifen Sie nicht zum Schokoriegel oder zu ähnlichen Naschereien. Trinken Sie lieber ein Glas Wasser, das bringt Sie *Lieber ein Glas Wasser!* genauso wieder in Gang, denn meistens ist es nicht wirklich Hunger, sondern Flüssigkeitsmangel, der Sie träge macht.

Zu den Mahlzeiten sollten Sie Ihrem Körper reichlich Ballaststoffe zuführen, damit Ihr Darm richtig arbeiten kann. Essen Sie viel Gemüse und Obst, und bevorzugen Sie Vollkornbrot und Naturreis. Trinken Sie *Darmzellen brauchen Ballaststoffe* immer reichlich, denn um Ballaststoffe zu verarbeiten, braucht ihr Darm Flüssigkeit.

Ihr Körper und Ihre Gesundheit

Reis ist gesund – aber Naturreis sollte es sein!
Verwenden Sie keinen polierten Reis, sondern nur Naturreis. Er enthält vor allem das lebenswichtige Vitamin B_1 sowie Magnesium und eine Reihe weiterer Vitamine und Spurenelemente und ist deshalb eine gute Nervennahrung. Sein Gehalt an wichtigen Nährstoffen ist sehr hoch, dadurch hilft Reis beim Abnehmen.

Sie möchten schlank werden oder bleiben und meiden nach Möglichkeit Fett? Denken Sie daran, dass unser Körper täglich Fett braucht, um die Nahrung zu verarbeiten, und dass manche Vitamine nur in Verbindung mit Fett vom Körper aufgenommen werden. Verzichten Sie nicht auf Fett, aber verwenden Sie bevorzugt Fette mit ungesättigten Fettsäuren wie kaltgepresste Öle!

Auch Fett muss sein!

Wer ausreichend Vitamine zu sich nimmt, gibt vielen Giften, die sich im Körper ansammeln, keine Chance, denn Vitamine helfen, Gifte abzubauen. Sorgen Sie also für vitaminreiche Ernährung, und achten Sie darauf, dass frisches Obst und Gemüse auf Ihrem Speisezettel niemals fehlen!

Vitamine gegen Körpergifte

Das Richtige essen und trinken

Der Mensch besteht zum größten Teil aus Wasser, und er kann seine Körperfunktionen nur dann aufrecht erhalten, wenn dem Organismus eine ausreichende Menge Wasser zur Verfügung steht.

Trinken Sie reichlich!

Deshalb sollten Sie über den Tag verteilt immer reichlich Flüssigkeit zu sich nehmen.
Beginnen Sie schon morgens, denn Ihr Körper hat über Nacht einen bis zwei Liter Wasser verloren. Das müssen Sie ersetzen, damit alles wieder rund läuft. Trinken Sie also – am besten noch vor dem Morgenkaffee – erst einmal ein oder zwei Gläser Wasser. Wenn Sie eine Flasche neben Ihr Bett stellen, können

Ein Glas Wasser vor dem Aufstehen

Sie das sogar noch vor dem Aufstehen tun. Das Glas Wasser vor dem Aufstehen ist auch ein ebenso natürliches wie unschädliches Mittel gegen Verstopfung. Haben Sie erst einmal angefangen, Abführpillen zu nehmen, gewöhnt sich Ihr Körper schnell daran und reagiert bald nicht mehr darauf.
Führen Sie Ihrem Körper zu wenig Flüssigkeit zu, wird Ihr Stoffwechsel au-

Zu wenig trinken macht dick

tomatisch langsamer. Dadurch werden nicht nur mehr Giftstoffe im Körper abgelagert, er speichert

Ihr Körper und Ihre Gesundheit

auch mehr Fett, das er nicht verbrennen kann. Trinken Sie sich also schlank! Aber meiden Sie süße Limonaden und andere stark zuckerhaltige Getränke wie Cola.

Durch Trinken von reichlich Wasser können Sie auch Gifte, die sich in Ihrem Körper ansammeln, herausspülen. Ihre Nieren sind ein Filtersystem für Giftstoffe, aber sie können nur arbeiten, wenn sie gut durchgespült werden. Reichliches Trinken hält Ihre Nieren funktionsfähig und verhindert, dass Gifte im Körper bleiben.

Viel trinken entgiftet Ihren Körper – aber nur, wenn Ihr Getränk keine Gifte enthält! Kaffee, Tee oder Cola enthalten Koffein; das ist ein Gift ebenso wie Alkohol! Meiden Sie auch süße Getränke, sie löschen den Durst nicht, sie machen nur noch durstiger. Trinken Sie vor allem Wasser, anregende Getränke nur in kleinen Mengen und nie gegen den Durst, oder Sie lassen sie ganz weg!

Scheuen Sie sich nicht, Leitungswasser zu trinken! Es ist eines der gesündesten Lebensmittel. Nichts wird ständig so streng kontrolliert wie das Wasser in unseren Leitungen. Mineralwasser, das eine gewisse Zeit bei normalen Temperaturen im Regal gestanden hat, enthält oft mehr Keime als Leitungswasser. Außerdem hat Leitungswasser – wie Mineralwasser auch – garantiert Null Kalorien.

> **Wer zu wenig trinkt, wird schneller müde!**
>
> Schon eine leichter Flüssigkeitsmangel mindert die Leistungsfähigkeit Ihres Gehirns, denn es besteht zu über 80 Prozent aus Wasser. Trinken Sie mindestens anderthalb bis zwei Liter Flüssigkeit täglich. Wer schon am frühen Morgen reichlich Wasser trinkt, ist aktiver und leistungsfähiger.

Den Körper in Bewegung halten

Für den ersten Schritt, sich mehr Bewegung zu verschaffen, brauchen Sie nicht unbedingt ein Fitnessprogramm. Gehen Sie einfach öfter mal zu Fuß! Sie müssen ja nicht jeden kurzen Weg mit dem Auto oder der Straßenbahn machen! Benutzen Sie lieber Treppen als Lifte oder Rolltreppen! Der Alltag bietet viele Möglichkeiten, sich zu bewegen.

Oder versuchen Sie es doch einfach einmal mit täglichen Spaziergängen! Gehen Sie dabei zügig, aber nicht hastig, und vor allem: Tun Sie es regelmäßig! Öffnen Sie sich

Es muss nicht immer joggen sein!

auch für das, was Sie unterwegs sehen. Wie sieht der Himmel heute aus? Wird das Laub schon gelb,

Ihr Körper und Ihre Gesundheit

oder werden die Bäume bald grün? So tun Sie etwas für Körper und Geist.

Das Wandern ist nicht nur des Müllers Lust
Wandern ist das ideale Bewegungstraining für die ganze Familie und für jede Jahreszeit. Jeder kann wandern, vom Kind bis zum Greis, denn es besteht kaum die Gefahr der Überanstrengung. Wandern trainiert nicht nur die Beine, sondern den ganzen Körper, und die Gefahr von Verletzungen ist sehr gering.

Bei Fitnessübungen sollten Sie weniger auf Schnelligkeit und hohe Energieleistung setzen, sondern mehr auf Ausdauer. Wenn Ihr Körper schon nach fünf Minuten mit Seitenstechen antwortet, haben Sie etwas falsch gemacht. Trainieren Sie lieber länger, aber dafür etwas langsamer. Bleiben Sie locker und entspannt.

Die körperliche Bewegung soll Ihnen Spaß machen. Leistungsdenken ist dabei fehl am Platz. Sie wollen ja dem Stress entfliehen. Wählen Sie sich die Freizeitsportart, die am besten zu Ihnen passt. Das ist die, an der Sie die meiste Freude haben. Bleiben Sie locker und streben Sie nicht nach Höchstleistungen.

Lassen Sie Ihren Ehrgeiz zu Hause!

Den Körper in Bewegung halten

Fitnesstraining ohne Leistungsdruck!
Sie haben beschlossen, etwas für Ihre Gesundheit zu tun und ein Fitnesstraining aufzunehmen. Lassen Sie sich nicht auf Leistungsverleiche mit anderen ein! Tun Sie so viel, wie gut für Sie ist, und tun Sie es so lange, wie es Ihnen Spaß macht! Leistungsdruck haben Sie wahrscheinlich im Beruf genug. Bleiben Sie locker!

Wenn Sie jahrelang keinen Sport getrieben haben und jetzt etwas für Ihren Körper tun möchten, dann fangen Sie nicht von heute auf morgen mit anstrengenden Übungen an, sondern lassen Sie zuvor von einem Arzt überprüfen, ob Kreislauf und Gelenke mitspielen werden. Suchen Sie sich dann einen erfahrenen Trainer, der Ihre Fähigkeiten langsam aufbaut!

Fitness von Null auf Hundert?

Viele würden das Tanzen nicht als Sport betrachten. Doch Tanzen ist ideal zum Stressabbau, und durch Tanzen lernen Sie, sich harmonisch zu bewegen und Ihren Körper zu beherrschen. Rhythmische Bewegungen lockern die Muskulatur, und durch die Musik werden die Gedanken von den Alltagssor-

Tanzen – gut für Körper und Geist

gen abgelenkt. Darüber hinaus stärkt das Tanzen Muskelgruppen in Beinen, Bauch und Rücken und wirkt Haltungsschäden entgegen.

»Darf ich bitten?« Im Tanzrhythmus abnehmen
Regelmäßiges Tanzen führt nicht nur zu optimaler Körperbeherrschung, man kann dabei auch wunderbar überflüssige Pfunde loswerden. Zum Beispiel verbraucht ein Mensch in einer Stunde beim Foxtrott durchschnittlich 300 Kalorien, beim Wiener Walzer 350 und beim Rock 'n' Roll sogar 600 Kalorien.

Für Menschen mit Gelenkproblemen ist Radfahren das ideale Bewegungstraining: Die Gelenke werden bewegt, aber nicht belastet. Außerdem bringt Radfahren Herz und Kreislauf in Schwung, regt die Atmung an, wodurch die Lunge gestärkt wird, trainiert die Muskulatur und regt durch rhythmische Reizung der Bauchmuskeln sogar die Verdauung an.

Radfahren schont die Gelenke

Auch beim Schwimmen entlastet der Auftrieb des Wassers Bänder und Gelenke und auch die Wirbelsäule. Schwimmen trainiert zudem die gesamte Muskulatur und ist eine Wohltat für den ganzen

Körper. Alle Muskelgruppen werden trainiert, Herz und Lunge, Atmung und Kreislauf gestärkt und Fettreserven nicht nur durch Bewegung, sondern auch durch den Wärmeverlust des Körpers über das Wasser abgebaut.

Licht und Luft, Wärme und Kälte

Wer nur in klimatisierten Räumen lebt, ist anfälliger gegen Krankheiten. Unser Körper braucht Temperaturreize, um ausreichende Abwehrkräfte zu bilden, und er braucht Sonnenlicht – es verbessert nicht nur die Stimmung, sondern fördert auch die Bildung von Vitamin D.

Lassen Sie die Sonne herein!
Sonnenlicht verbessert Ihre Stimmung. Sorgen Sie dafür, dass dort, wo Sie sich überwiegend aufhalten, genügend Sonne ist. Ziehen Sie Ihre Gardinen zurück, oder putzen Sie eventuell Ihre Fenster. Sonnenlicht regt Ihren Körper an, Serotonin auszuschütten, und Sie fühlen sich besser.

Wenn Sie längere Zeit am Schreibtisch oder am Computer sitzen, gönnen Sie ihren Augen ab und zu einen Blick in die Ferne! Werfen Sie in Abständen einen Blick aus dem Fenster und fixieren Sie einen weit entfernen Punkt. Das trainiert die An-

Ihr Körper und Ihre Gesundheit

passungsfähigkeit Ihres Auges, und es verbessert auch Ihre Stimmung, wenn Sie für einen Augenblick das Gefühl von Weite genießen.
Wenn Sie sich größeren Temperaturschwankungen aussetzen, sollten Sie für die richtige Kleidung sorgen! Wolle, Baumwolle, Leinen und Seide sind die Stoffe, die sich am besten für unsere Kleidung eignen. Sie sind luftdurchlässig, behindern die Körperatmung nicht, saugen Schweiß auf und verhindern Wärmestaus. Bewährt hat sich das »Zwiebelprinzip«: Tragen Sie mehrere dünne Kleidungsstücke übereinander, und legen Sie etwas ab, wenn es zu warm wird.

Naturfasern für Ihre Kleidung!

Ihre Füße sollten es immer warm und trocken haben. Zu enge Schuhe behindern die Durchblutung. Das erhöht die Anfälligkeit für Infekte. Ihre Schuhe sollten luft- und wärmedurchlässig sein. Gut geeignet sind Lederschuhe. Bei kalten Füßen hilft eine Zehengymnastik. Man lässt die Füße kreisen und wippt mit den Zehen auf und ab.

Bei kaltem Wetter lieber mit Hut!

Der Wärmeverlust, den ein Mensch bei Temperaturen um Null Grad über den Kopf erleidet, ist enorm und führt dazu, dass die Abwehrkräfte zum Beispiel gegen Erkältungskrankheiten geschwächt werden. Deshalb ist bei kaltem Wetter eine Kopfbedeckung zu empfehlen, besonders für Menschen mit schütterem Haar oder Glatze.

Ausreichend Schlaf und Ruhepausen

Die aktiven Phasen des Menschen müssen sich mit entsprechenden Ruhephasen abwechseln, wenn der Mensch gesund bleiben soll. Besondere Bedeutung hat hierbei der Nachtschlaf.

Durchschnittlich braucht ein Erwachsener bis zum 45. Lebensjahr 7,5 bis 8,5 Stunden Schlaf. Mit zunehmendem Alter wird das Nachtschlafbedürfnis geringer. Ältere Menschen schlafen nachts weniger, halten dafür *Wie viel Schlaf braucht der Mensch?* aber tagsüber eher mal ein Nickerchen. Neuere Untersuchungen haben auch gezeigt, dass Frauen etwa eine bis zwei Stunden mehr Schlaf benötigen als Männer. Allerdings ist das Schlafbedürfnis individuell sehr verschieden. Viele kommen mit weniger aus, andere brauchen mehr Schlaf. Richten Sie sich also nach Ihrer inneren Uhr, und finden Sie selbst heraus, wie viel Schlaf Sie brauchen. Wenn Sie morgens erfrischt und ausgeruht aufwachen, haben Sie ausreichend lange geschlafen.

> **Auch Aufstehen will gelernt sein**
> Springen Sie nicht plötzlich aus dem Bett, wenn Sie merken, dass es Zeit zum Aufstehen ist. Das könnte Ihnen Ihr Kreislauf übel nehmen. Auch haben sich Ihre Muskeln, Bänder und Sehnen über Nacht leicht verkürzt. Recken und strecken Sie sich wie eine Katze, und machen Sie ein paar Bewegungen im Bett. Dann fällt das Aufstehen leichter.

Wenn Sie sich müde und abgespannt fühlen, machen Sie ruhig einmal ein Nickerchen zwischendurch. Achten Sie nicht auf den Spott Ihrer Kollegen, und verwenden Sie zehn bis fünfzehn Minuten von Ihrer Pause für einen erholsamen Kurzschlaf. Dazu brauchen Sie sich gar nicht hinzulegen, Sie können es in bequemer Sitzhaltung an jedem Ort tun. Wenn die anderen dann mit dem Mittagstief kämpfen, sind Sie wieder fit.

Ein Nickerchen macht Sie wieder fit

Stress als Gesundheitsrisiko

Ständiger Stress ist ein Gesundheitsrisiko ersten Ranges. Trainieren Sie deshalb die Fähigkeit, zwischendurch auch einmal abzuschalten, und wälzen Sie ungelöste Probleme nicht ständig im Kopf.

Stress als Gesundheitsrisiko

Wer Entscheidungen immer wieder aufschiebt, gerät nicht nur mit seiner Zeitplanung durcheinander und versäumt dadurch eventuell Dinge, die für ihn wichtig sind. Das Hinausschieben schadet auch der Gesundheit, denn es erzeugt andauernden Stress. Also tun Sie notwendige Dinge gleich – auch der Gesundheit zuliebe!

Entscheidungen nicht aufschieben!

Auch wer immer vor irgendetwas Angst hat, wird eher krank als andere Menschen. Ständige Ängste greifen das Immunsystem an und schwächen die körpereigenen Abwehrkräfte. Bekämpfen Sie Ihre Ängste also auch zur Vorsorge für Ihre Gesundheit.

Ständige Angst macht krank

Wer von Ängsten geplagt wird, lebt gefährlich

Ständige Angst kann auch zu Unfällen führen. Besonders ängstliche Menschen können sich schlechter konzentrieren, sind mehr mit sich selbst beschäftigt und achten weniger darauf, was um sie herum vorgeht. Dadurch werden sie häufiger Opfer von Unfällen als andere. Noch ein Grund, Ihre Ängste zu bekämpfen.

Ihr Körper und Ihre Gesundheit

Die Fähigkeit, Stress auszuhalten, ist von Mensch zu Mensch ganz verschieden. Finden Sie heraus, wie hoch Ihre persönliche Stressschwelle ist! Wie viel Stress können Sie wegstecken? Wie kompensieren Sie Stress? Werden Sie aggresssiv oder fressen Sie alles in sich hinein? Trainieren Sie bewusst Ihre Stressresistenz!

Wie viel Stress halten Sie aus?

Laufen Sie dem Stress davon!
Regelmäßige Bewegung erhöht Ihre Stressresistenz. Schon nach einem flotten Spaziergang von einer Viertelstunde bessert sich Ihre Laune, und der Ärger, den Sie gerade hatten, kommt Ihnen nicht mehr so wichtig vor. Nutzen Sie diesen Effekt und bauen Sie Spannungszustände durch Bewegung ab!

Ihr Ich, der Kern Ihrer Persönlichkeit

Das Ich und der Körper
Bei der Vorstellung des Blütenmodells ist das Ich als Mitte der Blüte gezeichnet. Es steht für die Persönlichkeit eines Menschen, sein inneres Wesen mit all seinen Wünschen, Hoffnungen und Wertvorstellungen. Dieses Ich ist aber in Wirklichkeit keine selbstständig handelnde Instanz, denn tatsächlich ist der Mensch eine Einheit. Sein Denken und sein Bewusstsein existiert ebenso wenig außerhalb und unab-

Körper und Geist beeinflussen sich

hängig von seinem Körper wie seine unbewussten Gefühle. Die Befindlichkeiten des Körpers beeinflussen Gefühle und Gedanken, und umgekehrt wirken unbewusste wie bewusste Erinnerungen und Vorstellungen, Gefühle und Gedanken auf das körperliche Befinden ein.

Erkennen Sie sich selbst
Bevor Sie Ziele festlegen, müssen Sie sich selbst erkennen. Werden Sie sich Ihrer selbst bewusst, damit Sie selbstbewusst werden. Nicht nur Ihre Wün-

sche, auch Ihre Möglichkeiten sollen Ihre Ziele bestimmen.

Akzeptieren Sie daher Ihre Schwächen, manche davon können Sie mit der richtigen Strategie und etwas Ausdauer überwinden. Bei all Ihren Schwächen wird das aber nicht möglich sein. Akzeptieren Sie diese Schwächen, sie gehören zu Ihnen und machen Ihre Persönlichkeit aus. Sie müssen kein anderer werden, entwickeln Sie Ihre guten Seiten!

Akzeptieren Sie Ihre Schwächen!

Ihre Stärken sind Ihr Kapital

Konzentrieren Sie sich auf Ihre Stärken. Auf den Gebieten, wo Sie Gutes leisten, wird es Ihnen nicht schwer fallen, noch besser zu werden und Hervorragendes zu leisten. Das ist motivierender für Sie, als sich mit Ihren Schwächen zu beschäftigen. Selbst wenn Sie diese zurückdrängen, werden Sie hier allenfalls Durchschnittliches leisten können.

Wenn Sie täglich Ihre Gedanken und Wünsche aufschreiben, hilft Ihnen das, sich über Ihre Ziele klar zu werden. Außerdem hat es einen verstärkenden Effekt, wenn Sie sich Ihr Lebensziel immer wieder vor Augen führen. Schreiben Sie spontan, ehrlich und ohne zu korrigieren. Ihr Tagebuch ist

Erkennen Sie sich selbst

nur für Sie bestimmt. Halten Sie auch positive Erlebnisse fest! Wenn Sie etwas Positives erlebt haben, ist das gut für Ihr Selbstwertgefühl, und Sie gewinnen eine positive Sicht auf die Welt.

Führen Sie ein Tagebuch!

Notieren Sie sich diese Erlebnisse! Ihr Selbstwertgefühl kann auch vergesslich sein. Dann erinnern Sie es mit Ihrer Notiz: Dort hast du etwas Schönes erlebt, so schlecht kann die Welt also gar nicht sein! Benutzen Sie Ihr Tagebuch nicht, um Ausreden für Ihre Misserfolge festzuhalten, geben Sie nicht anderen die Schuld, wenn Ihnen etwas nicht gelingt, sondern analysieren Sie möglichst objektiv, was passiert ist. Schieben Sie auch nichts auf schlechte Voraussetzungen, die Sie vielleicht hatten.

Analysieren Sie Misserfolge objektiv

Alle Nachteile, ob sie auf Herkunft, Erziehung oder ungünstige Zeiten zurückzuführen sind, lassen sich überwinden! Stellen Sie sich immer wieder selbst die Frage: »Was für ein Mensch möchte ich gern sein?« Verfassen Sie eine Beschreibung der Person, die Sie gerne wären, und verleihen Sie ihr konkrete Züge! Vergleichen Sie Ihre tatsächlichen Eigenschaften mit Ihrem Idealbild! Welche Eigenschaften des Ideals können Sie erreichen? Arbeiten Sie daran!

Der Glaube kann manchmal wirklich Berge versetzen

Wer daran glaubt, dass er sein Ziel erreichen wird, erlebt nicht weniger Rückschläge als andere, aber er lässt sich nicht so schnell entmutigen, arbeitet weiter an der Verwirklichung und erreicht das Ersehnte oft, wenn andere schon längst aufgegeben haben. Denn er weiß: »Beharrlichkeit führt zum Ziel.«

Nur eine stabile Identität gibt Ihnen Sicherheit und ist die Voraussetzung dafür, dass Sie Neues unternehmen können. Ihre Fähigkeit, neue Erfahrungen zu machen, hängt von Ihrer Ich-Stärke ab, entwickeln Sie sie! Nur wenn Sie ein gesundes Selbstwertgefühl haben, können Sie sich auch vom Urteil anderer unabhängig machen.

Geben Sie nichts auf die Meinung anderer!

Viele Menschen glauben, genau zu wissen, was für andere gut ist. Hören Sie sich alles an, aber entscheiden Sie selbst, was Sie annehmen und was nicht. Glauben Sie auch angeblichen Autoritäten nicht. Keine Aussage ist allein deshalb richtig, weil eine bekannte Persönlichkeit sie gemacht hat. Vertrauen Sie immer auf Ihr eigenes Urteil!

Das Ich und die anderen

Beschäftigen Sie sich nur mit Ihren eigenen Gedanken oder sind Sie auch neugierig auf andere? Wie wichtig sind Ihnen eigene Wünsche und Ziele? Setzen Sie sie ohne Rücksicht durch oder können Sie auch zurückstecken, wenn die Interessen anderer berührt werden? Seine Ich-Stärke zu entwickeln muss nicht heißen, dass man andere nicht mehr gelten lässt. Ein negatives Beispiel ist hier an unserem Blütenmodell gezeigt.

Ich bin ich, was scheren mich andere!

Finden Sie Ihr Lebensziel

In den vorangegangenen Kapiteln haben Sie daran gearbeitet, die Beziehungen zu verschiedenen Aspekten der Welt, die Sie umgibt, zu ordnen und so zu gestalten, dass sie effektiver werden, Ihnen nützen und Sie nicht belasten; und Sie haben sich damit beschäftigt, wie Sie Ihren Körper gesund und leistungsfähig erhalten. Nun müssen Sie eine Antwort auf die Frage finden, *wozu* Sie das alles getan haben, was der eigentliche Beweggrund Ihres Handelns, was Ihr *Ziel* ist.

Stellen Sie sich die Fragen: »Wer bin ich?« und »Was will ich?«, und denken Sie dabei nicht nur an Ihre berufliche Karriere und an materielle Dinge. Fragen Sie nicht, was Sie alles *haben* möchten, sondern wer Sie *sein* wollen. Sobald Sie ein deutliches Bild vor Augen haben, beginnen Sie, es zu verwirklichen. Vieles davon ist sicher schon jetzt möglich.

Aber auch wenn Sie sich nicht für ein Lebensziel entscheiden, haben Sie eine Entscheidung getroffen, nämlich die, kein Ziel zu haben. Dann werden Sie von den Entscheidungen anderer oder von Zufällen abhängig sein. Deshalb ist es besser, Sie setzen sich Ziele, auch wenn sich Ihre Ziele vielleicht von Zeit zu Zeit ändern werden.

> *Wer will ich sein?*

Verwirklichen Sie Ihren Lebenstraum

Leben Sie Ihre Vision und lassen Sie nicht zu, dass Ihre Wünsche und Träume untergehen. Glauben Sie an Ihre Vision und lassen sie sich nicht davon abbringen. Bestimmen Sie selbst, welchen Weg Sie gehen und verfolgen Sie ihn mit der Kraft und Stärke, die Sie in sich finden werden, weil Ihre Vision sie in Ihnen geweckt hat.

Ihre Gedanken sind Ihre Wirklichkeit, denn durch Ihre Gedanken wird die äußere Wirklichkeit zu Ihrer Wirklichkeit. Sorgen Sie dafür, dass es eine positive Wirklichkeit ist, indem Sie positive Gedanken entwickeln! Wenn Sie bei jedem Problem denken, dass Sie es nicht lösen können, kann Ihnen das auch nicht gelingen. Denken Sie, dass Ihnen alles möglich ist, so wird alles möglich sein.

Machen Sie sich ein Bild von Ihren Wünschen!

Ihr Unterbewusstsein speichert Gefühle und Bilder, mit abstrakten Begriffen kann es nichts anfangen. Entwickeln Sie also eine bildliche Vorstellung von dem, was Sie sich wünschen! Dann kann sich dieses Bild in Ihrem Unterbewusstsein verankern und von dort aus Ihr Handeln beeinflussen.

Damit Ihre Vorsätze keine bloßen Vorsätze bleiben, sollten Sie drei Dinge tun:

1. Schreiben Sie Ihre Vorsätze auf, das macht sie verbindlicher für Sie.
2. Formulieren Sie dabei nicht allgemein, sondern konkretisieren Sie im Detail, was genau Sie tun wollen.
3. Setzen Sie sich einen Termin und tragen Sie diesen in Ihren Kalender ein.

Seien Sie ein Dickbrettbohrer!

Schreiben Sie Ihre langfristigen Ziele nicht ab, indem Sie sagen »Das wird ja doch nie etwas.« Führen Sie sich vor Augen, dass Misserfolge nur Etappen auf dem Weg zu Ihrem Ziel sind. Erfolgreiche Menschen, das zeigen Ihnen deren Biografien, sind an ihren Niederlagen gewachsen. Halten Sie an Ihrer Vision fest und geben Sie nicht auf.

Verbannen Sie Sätze aus Ihrem Kopf, die ein »Wenn« oder ein »Aber« enthalten. Sagen Sie nicht: »Ich würde gerne dies oder jenes tun, wenn...«, tun Sie es! Machen Sie sich klar, dass Ihre »Wenns« nur Ausreden sind, weil Sie Angst vor der eigenen Courage haben. Tun Sie, was Sie tun möchten, oder stehen Sie zu Ihren Ängsten, aber belügen Sie sich nicht selbst!

Stellen Sie sich Ihre Ziele vor, um sie zu verwirklichen! Schon in der Antike wusste man, welche suggestive Kraft die Vorstellung haben kann. So heißt es bei Marc Aurel: »Nach der Beschaffenheit der Gegenstände, die du dir am häufigsten vorstellst, wird sich auch deine Gesinnung richten, denn von den Vorstellungen nimmt die Seele ihre Farbe an.«

Die suggestive Kraft der Vorstellung

Konzentrieren Sie sich nicht auf das ferne Ziel, sondern auf den ersten Schritt!
Ihr Ziel erscheint Ihnen weit entfernt und unerreichbar? Teilen Sie den Weg dorthin in kleine Schritte auf und konzentrieren Sie Ihre ganze Energie auf den ersten Schritt. Gelingt er, dann feiern Sie das wie einen großen Erfolg. Es ist einer, denn Sie haben begonnen, sich Ihrem Ziel zu nähern!

Wer alles bedenken will, wird nie etwas tun. Bevor Sie handeln, um ein Problem zu lösen, sollten Sie das Problem analysieren, um es richtig anzugehen. Aber vergessen Sie darüber nicht das Handeln. Wer aus Angst, etwas Falsches zu tun, gar nichts tut, löst keine Probleme. Was wirklich richtig ist, kann letztlich nur die Tat beweisen!

Was zählt, ist die Tat

Haben Sie Ihr Ziel immer im Kopf, aber jagen Sie ihm nicht andauernd nach! Wenn Sie in allen Situationen stets an ein bestimmtes Ziel denken, verengt sich Ihre Wahrnehmung so, dass Sie andere wunderbare Gelegenheiten, die Ihnen das Leben bietet, nicht mehr erkennen und daran vorbeigehen. Bleiben Sie stets offen für alles, was der Tag für Sie bereithält.

Seien Sie nicht verbissen!

Menschen, die alles andere dem Erreichen eines Ziels unterordnen, vernachlässigen häufig ihre übrigen Bedürfnisse. Streben Sie nach Gleichgewicht: zwischen Arbeit und Muße, zwischen Zeit für sich selbst und Zeit mit anderen, zwischen Leben in festen Strukturen und Leben in Ungebundenheit.

Denken Sie auch daran: Wenn etwas Neues in Ihr Leben tritt, sollte etwas Altes Platz machen.

Formulieren Sie rechtzeitig neue Ziele

Besonders wenn Ihre Ziele materieller Art waren (Haus, Karriere, finanzielle Unabhängigkeit), kann es passieren, dass Sie eine Leere fühlen, wenn Sie ein Ziel erreicht haben. Überlegen Sie rechtzeitig, was Sie mit dem, was Sie anstreben, *tun* wollen. Es nur zu *haben* ist meist zu wenig! Formulieren Sie eventuell neue Ziele!

Zuversicht statt Angst

Machen Sie sich klar, dass es sich in den meisen Fällen, in denen der Mensch Ängste entwickelt, um Ängste vor Veränderungen handelt. Deshalb wird auch ein Prozess, bei dem Sie selbst Ihr Leben verändern wollen, notwendigerweise von Ängsten begleitet sein.

Besiegen Sie Ihre Verlustängste!
Machen Sie sich klar, dass Sie nichts im Leben festhalten können, nicht Dinge, nicht Menschen und nicht die Zeit, dass das Leben selbst Bewegung und Veränderung bedeutet. Wenn ein Verlust Sie schmerzt, dürfen Sie trauern, aber nehmen Sie jede Veränderung auch als Chance, etwas Neues zu beginnen!

Nutzen Sie die Tatsache, dass positive Erwartungen positive Ergebnisse produzieren. Was Sie von einer Situation erwarten, hat Einfluss auf Ihr Denken und Fühlen, damit auch auf Ihr Handeln und beeinflusst dadurch wiederum, wie Sie sich in der Situation verhalten werden. Ihr Verhalten aber kann den Verlauf des Geschehens und seinen Ausgang bestimmen. Erwarten Sie also stets das Beste!

Erwarten Sie immer das Beste!

Ihr Ich, der Kern Ihrer Persönlichkeit

Wenn Sie ein wichtige Lebensentscheidung treffen müssen, berücksichtigen Sie die Ihnen bekannten Tatsachen, listen Sie sie auf und schreiben Sie darunter, wie Sie entscheiden wollen.

Geben Sie sich Bedenkzeit!

Dann geben Sie sich – am besten über Nacht – Bedenkzeit. Wie sehen Sie Ihre Entscheidung am anderen Morgen und was sagt Ihr Gefühl dazu?

Oft spricht dann – nach Abwägen aller relevanten Fakten – ebenso viel dafür wie dagegen. Dann sollten Sie auf ihre »innere Stimme« hören. Es hat keinen Zweck, etwas zu unternehmen, bei dem Sie ein schlechtes Gefühl haben.

Vertrauen Sie Ihrem Gefühl!

Die letzte Entscheidung darf ruhig »aus dem Bauch« kommen.

Trennen Sie Entscheidungs- und Handlungsebene!

Einer der größten Stressfaktoren ist der Zwang, sich zu entscheiden, verlängern Sie ihn deshalb nicht! Durchdenken Sie ein Problem gründlich, und treffen Sie dann Ihre Entscheidung. Ziehen Sie die Sache anschließend durch und zweifeln Sie nicht mehr, ob Sie richtig entschieden haben. Das würde Sie nur hemmen, Ihr Problem zu lösen.

Machen Sie sich keine Sorgen, dann haben Sie auch keine! Es heisst nicht umsonst »*sich* Sorgen machen«, denn viele Menschen produzieren ihre Sorgen selbst. Sie sorgen sich um Dinge, die Sie ohnehin nicht beeinflussen können. Sich zu sorgen ist immer unproduktiv. Haben Sie ein Problem, suchen Sie nach Lösungen, aber machen Sie sich keine Sorgen!

Machen Sie sich keine Sorgen!

»Es hätte viel schlimmer kommen können«

Mit diesem Satz wird aus erlebtem Unglück ein – gemessen am Unglückspotential der Situation – empfundenes Glück. Wenn Sie sich diese Haltung zu eigen machen, verhindern Sie, dass sich negative Erlebnisse verstärken und Ihre Erwartungen für die Zukunft bestimmen. Sie hatten Glück und können es wieder haben.

Schöpfen Sie alle Chancen aus, die sich Ihnen bieten. Das können Sie nur, wenn Sie nicht mit Scheuklappen durchs Leben gehen, sondern auch einmal nach rechts oder links schauen und ausgetretene Pfade verlassen – und vor allen Dingen, wenn Sie dabei immer offen

Verlassen Sie ausgetretene Pfade!

für neue Erfahrungen sind, denn Leben heißt neue Erfahrungen machen. Ihre Gewohnheiten können wie ein Käfig sein, in dem Sie gefangen sind, gefangen in Ihrer Trägheit und Ihrer Angst vor Veränderungen. Leben bedeutet aber Bewegung und damit ständige Veränderung. Haben Sie also den Mut zur Veränderung und versuchen Sie, neue Erfahrungen zu machen.

Suchen Sie neue Erfahrungen!

Neue Bilder braucht der Kopf!

Sorgen Sie häufiger für frische Eindrücke. Gehen Sie in eine Ausstellung, ein Theaterstück, einen Film, machen Sie einen Kurztrip in eine fremde Stadt und suchen Sie Gelegenheiten, neue Menschen kennen zu lernen. Das gibt Ihnen neue Impulse und fördert Ihre Kreativität. Nur wer viel Neues sieht, kann sich Neues ausdenken.

Wenn Ihr Leben immer in den gleichen Bahnen verläuft, sollten Sie das ändern! Beginnen Sie mit kleinen Dingen. Gehen Sie doch einmal auf einem anderen Weg ins Büro oder machen Sie einen Spaziergang durch ein unbekanntes Stadtviertel! Dabei sammeln Sie neue optische Reize und eingefahrenes Denken wird »durchlüftet«.

Sie wollen etwas unternehmen und sehen tausend Schwierigkeiten voraus? Sie haben vor vielem Angst, was auf Sie zukommt? Vorsicht! Ihre Ängste erfüllen sich

Werfen Sie Ihre Ängste über Bord!

selbst, sie sind Ihr größter Feind. Werfen Sie sie also über Bord! Sagen Sie sich, dass alles gut geht. Gehen Sie mit Selbstvertrauen in neue Situationen und Sie werden sie bestehen.

Einfache bejahende Feststellungen wirken sich positiv auf unser Denken und Fühlen aus. Beginnen Sie den Tag, indem Sie sich zum Beispiel sagen: »Heute wird mir etwas Schönes pas-

Sagen Sie Ja zu diesem Tag!

sieren!« oder »Heute werde ich eine Arbeit gut abschließen!« Probieren Sie es aus, sprechen Sie sich diese Sätze laut vor und lassen Sie sie in sich nachklingen!

Glauben Sie an sich, und überzeugen Sie auch andere davon!
Sie können nur so gut sein wie Sie tatsächlich glauben, dass Sie es sind. Überlegen Sie sich Argumente, warum Sie sich gut finden! Formulieren Sie einen Text, der auf Ihrer Website stehen könnte und andere überzeugt! Geben Sie dabei allerdings auch nicht an, bleiben Sie realistisch!

Ziehen Sie Bilanz! Wo standen Sie vor einem Jahr und wo stehen Sie jetzt? Was haben Sie erreicht? Konzentrieren Sie sich auf die positiven Dinge! Vielleicht haben Sie auch etwas verloren, aber nichts ist so schlecht, dass es nicht auch für etwas gut wäre! Verluste schmerzen, bringen aber oft auch neue Freiheiten. Die brauchen Sie, denn Sie haben noch viel vor.

Ziehen Sie Bilanz!

Das Leben kann so leicht sein – wenn Sie es leicht nehmen!
Nehmen Sie nicht alles so schwer und versuchen Sie, mehr für den Augenblick zu leben. An die Zukunft zu denken ist nicht falsch, aber verlieren Sie die Gegenwart nicht aus dem Blick. Glück liegt immer im Heute; das Glück von morgen ist ein Traum und das von gestern ein Augenblick, den nur die Erinnerung vergoldet.

Die Zeit als Maß menschlichen Tuns

Zeit als messbare Größe

Wenn Sie alle Seiten Ihrer Persönlichkeit entwickeln und Ihre Beziehungen zu allen Aspekten der äußeren Welt in ein harmonisches Gleichgewicht bringen möchten, werden Sie immer mit dem Begriff Zeit zu tun haben, nämlich mit einer ihrer wesentlichen Eigenschaften: Zeit ist messbar.

Die Zeit, die einem Menschen zur Verfügung steht, kann nicht vermehrt werden. Deshalb verlangt der Umgang mit Zeit ständig Entscheidungen zu Gunsten der einen und zu Lasten der anderen Beschäftigung.

Zeit kann nicht vermehrt werden

 Keine Zeit zu haben, kann ein Alibi sein
Jeder Mensch hat am Tag 24 Stunden Zeit, die sich auf verschiedene Tätigkeiten und Aktivitäten aufteilen lassen. Hat jemand für die Kinder, die Familie oder den Partner keine Zeit, weil ihn andere »Pflichten« abhalten, zeigt das, welche Prioritäten er setzt. Für etwas keine Zeit zu haben, heisst lieber etwas anderes tun.

Wenn Sie sich zum Beispiel fragen, ob Ihre Beziehungen zu den Dingen oder die zu Ihren Mitmenschen Ihnen wichtiger sind, werden Sie überlegen, wie viel Zeit Sie jeweils für das eine oder das andere aufwenden, und genau das haben Sie getan, als Sie auf den Seiten 28 und 29 für Ihre beiden persönlichen Blüten die Zeitanteile, die verschiedene Beziehungsaspekte in Ihrem Leben haben sollten und gegenwärtig tatsächlich haben, ermittelten.

Weil alles, was Menschen tun, *in* der Zeit geschieht, erstreckt sich jede menschliche Tätigkeit über eine bestimmte Zeitspanne. Wir können beurteilen, ob etwas in *angemessener* Zeit getan wurde, und dürfen überlegen, ob es nicht auch in kürzerer Zeit hätte getan werden können. Unter diesem Gesichtspunkt lässt sich beobachten, wie auf verschiedenen Feldern menschlichen Tuns mit Zeit umgegangen wird.

Geht es vielleicht etwas schneller?

Verplante Zeit

Verplante Zeit ist die Zeit, die noch gar nicht begonnen hat, die aber bereits für bestimmte Aktivitäten reserviert ist, und das Aufstellen von Zeitplänen für die verschiedenen Tätigkeiten ist eine Kunst für sich.

Verplante Zeit

Als Faustregel kann gelten: Verplanen Sie nur etwa 70 Prozent der Zeit, die Ihnen zur Verfügung steht. 30 Prozent lassen Sie als Zeitpuffer. Wenn etwas länger dauert, als Sie erwartet haben, oder für kleine »Zwischendurch-Aufgaben«, die Sie nicht verschieben können, brauchen Sie diese Reserve. Planen Sie deshalb immer ausreichend Zeit ein. Wenn Sie sich schon bei der Planung selbst etwas vormachen, können Sie gleich beginnen, sich Entschuldigungen dafür auszudenken, dass Ihre Arbeit nicht rechtzeitig fertig geworden ist. Über die für ein Projekt kalkulierte Zeit hinaus sollten Sie also immer einen Zeitpuffer für Unvorhergesehenes einrechnen.

Verplanen Sie nicht Ihre gesamte Zeit!

Planen Sie realistisch!

Was schief gehen kann, geht oft auch schief

Stellen Sie niemals Zeitpläne auf, die so eng sind, dass nichts mehr schief gehen darf, ohne dass der ganze Plan ins Rutschen kommt! Bauen Sie in jeden Plan Zeitpuffer für Unvorhergesehenes ein! An irgendeiner Stelle werden Sie zusätzliche Zeit brauchen, denn kaum ein größeres Projekt läuft auf allen Stufen wie geplant.

Vermeiden Sie aus diesem Grund Pläne, die auch noch das Kleinste genau erfassen und keine Abweichungen zulassen. Solche Pläne entspringen oft der unbewussten Angst vor Veränderung. Vermeiden Sie es, Termine nahtlos aneinanderzureihen ohne einen Zeitpuffer für Eventualitäten oder mögliche Abweichungen einzuplanen. Rechnen Sie mit Unwägbarkeiten, und lassen Sie Spielraum für spontane Entscheidungen!

Termine nicht nahtlos aneinanderreihen!

Wenn Sie nicht für ein Projekt, sondern für Ihren Tagesablauf planen, dann sollten Sie eindeutige Prioritäten für Ihre Aufgaben festlegen. Wenn Sie zwei oder sogar mehrere Dinge auf einmal tun wollen, werden Sie mit keiner Sache weiterkommen. Lassen Sie sich von der Aufgabe, der Sie die Priorität eingeräumt haben, nicht ablenken, und bleiben Sie dran!

Schaffen Sie klare Prioritäten!

Planen Sie nicht nur Aufgaben, die Sie erledigen müssen! Auch wichtige Entscheidungen zu treffen sollte einen festen Platz in Ihrem Zeitplan haben. Glauben Sie nicht, ein Ja oder ein Nein sei eine Sekundensache!

Auch Entscheidungen brauchen Zeit

Verplante Zeit

Nehmen Sie sich Zeit zum gründlichen Überlegen! Für manche Entscheidung brauchen Sie auch zusätzliche Informationen, die Sie eventuell erst einholen müssen.

Auch Ihre Verabredungen sollten Sie sorgfältig planen. Rechnen Sie lieber mit etwas mehr Fahrtzeit als nötig, damit Sie auch wirklich pünktlich ankommen. Das zahlt sich besonders aus, wenn Sie das Auto benutzen. Kommen Sie glatt durch und haben Sie noch etwas Zeit, sehen Sie noch einmal Ihre Unterlagen durch. So gehen Sie entspannt und gut vorbereitet in das Gespräch.

Zeitpuffer auch bei Verabredungen!

Schneller geht es oft mit dem Fahrrad!
Nicht ohne Grund gibt es in unseren verkehrsverstopften Städten inzwischen Fahrradkuriere. Das Fahrrad ist im Innenstadtverkehr oft schneller als ein Auto – zudem entfällt die lästige Parkplatzsuche. Nutzen Sie diese Erkenntnis und erledigen Sie, was möglich ist, mit dem Rad. Gleichzeitig tun Sie etwas für Ihre Gesundheit.

Wenn Sie eine Sitzung moderieren müssen, stellen Sie eine Tagesordnung mit den Punkten auf, die abgehandelt werden müssen. Vermeiden Sie, Diskussionen ins Uferlose abdriften zu lassen, indem Sie die Redner zum Thema zurückführen, wenn sie zu ausschweifend werden. Und setzen Sie auf keinen Fall einen Punkt »Allgemeines« auf die Tagesordnung! Das ist genauso unsinnig wie »Eilt« oder »Dringend!« als Terminangabe.

>
> **Termin: »Dringend« – Wann ist das?**
> Vermeiden Sie es, eine Mappe »Dringend« anzulegen! Vergeben Sie nur feste Termine mit einem Datum! Wenn etwas wirklich dringend ist, bekommt es den frühesten Termin auf Ihrem Kalender. Einordnungen wie »Dringend« oder »Eilt« sind nichts sagend, genau wie die Bezeichnung »Wichtig«. Seien Sie immer konkret!

Produktive Zeit

Wenn Sie an eine Aufgabe herangehen, wird meist von Ihnen verlangt, sie in einer bestimmten Zeit zu lösen – nach einem Zeitplan, den Sie selbst aufgestellt haben oder den ein anderer Ihnen vorgegeben hat.

Schnell – auch ohne Termin?

Aber auch, wenn Sie keine Planvorgabe und keinen Termin haben, werden Sie versuchen, Ihre Arbeit so effektiv – und das heisst immer auch – so schnell wie möglich zu erledigen.

Das wird Ihnen – wenn Sie sich auf Ihre Aufgabe konzentrieren – wahrscheinlich auch gelingen. Die meisten Menschen, die Schwierigkeiten haben, Ihre Termine zu halten, wollen zu vieles auf einmal oder in zu kurzer Zeit tun. Trainieren Sie die Technik, *Wer sich verzettelt, kommt nicht voran.* während Sie an etwas arbeiten, alles andere aus Ihrem Kopf zu verbannen, und schalten Sie Störungen aus. Natürlich ist anderes auch wichtig, aber darauf können Sie sich konzentrieren, wenn es soweit ist.

Am schnellsten geht es ohne Uhr!

Wenn Sie eine dringende Aufgabe erledigen müssen, sehen Sie nicht andauernd auf die Uhr, das macht Sie nur nervös! Am besten legen Sie Ihre Uhr ab, denken nicht an den Termin und nicht an die Zeit, die verstreicht, sondern konzentrieren sich ganz auf Ihre Aufgabe. Sind Sie fertig, werden Sie erstaunt sein, wie schnell Sie es geschafft haben.

Oft werden gerade diejenigen nicht mit einer Sache fertig, die es ganz besonders gut machen wollen. Perfektionismus ist meistens ein Zeichen von Unsicherheit. Denken Sie daran, dass eine Arbeit einen ganz bestimmten Zweck hat, der erfüllt werden muss. Alles, was darüber hinaus geht, ist verschwendete Energie. Legen Sie also nicht in jede Sache Ihre ganze Seele hinein!

Halten Sie sich auch nicht mit Dingen auf, die andere besser können! Für viele Aufgaben gibt es Spezialisten. Nehmen Sie sie in Anspruch, und glauben Sie nicht, Selbermachen wäre billiger. Sie könnten sonst viel wertvolle Zeit für ein unprofessionelles Ergebnis vergeuden. Konzentrieren Sie sich auf das, worin Sie wirklich gut sind, und halten Sie sich alles andere vom Leib!

Für vieles gibt es Spezialisten

>
> **Lernen Sie, Aufgaben zu delegieren!**
> Wenn Ihre Aufgaben immer weiter anwachsen, liegt es nicht immer daran, dass andere Aufgaben bei Ihnen abladen. Vielleicht ziehen Sie selbst ja diese Aufgaben an sich. Sind Sie jemand, dem niemand etwas recht machen kann und der deshalb lieber alles allein macht? Trauen Sie ruhig anderen auch einmal etwas zu!

Arbeit abzugeben und damit Zeit zu sparen, funktioniert nicht nur im Verhältnis von Chef zu Mitarbeiter! In der Firma dürfen Sie auch einmal Kollegen bitten, Ihnen zu helfen, in Partnerschaft und Familie können Sie sich Aufgaben mit Ihrem Partner oder Ihren Kindern teilen. Haben Sie ein Ein-Personen-Unternehmen, nehmen Sie Dienstleister für Einzelaufgaben in Anspruch!

Auf diese Weise können Sie manches loswerden, das Sie von Ihrer eigentlichen Arbeit abhält. Bleiben Sie stets kompromisslos bei der Aufgabe, die Sie heute erledigen wollten. Post durchsehen, E-Mails abfragen oder beantworten, all das kann warten, bis Sie Ihr geplantes Pensum erfüllt haben. Erst danach dürfen Sie sich anderen Dingen zuwenden oder sich mit einer Pause belohnen.

Lassen Sie sich nicht ablenken!

Aber schieben Sie trotz allem die kleinen Routineaufgaben nicht so lange vor sich her, bis sie irgendwann zu einem ernsten Problem für Sie geworden sind.

Lassen Sie kleine Routineaufgaben nicht groß werden!
Vieles beansprucht nur wenige Minuten am Tag, wenn Sie es sofort tun. Bringen Sie die alte Zeitschrift zum Papiercontainer, wenn Sie zum Einkaufen gehen. Lassen Sie es nicht zu, dass Sie eines Tages vor einem Berg alter Zeitschriften stehen. Vieles ist, wenn es sofort erledigt wird, nur ein Handgriff, kann aber, aufgeschoben zum Problem werden.

Ist eine Sache einmal schiefgegangen, vergeuden Sie keine Zeit damit, sich zu ärgern oder nach Schuldigen zu suchen.

Zum Ärgern ist die Zeit zu schade!

(Natürlich ist es keiner gewesen!) Konzentrieren Sie alle Kräfte auf die Lösung des entstandenen Problems. Die Frage darf jetzt nicht lauten: »Wie konnte das passieren?« sondern »Wie können wir das beheben?« Denken Sie daran, dass nur im Krimi ein Fall gelöst ist, wenn man einen Schuldigen gefunden hat. In der Arbeitswirklichkeit ist das entstandene Problem dann immer noch da.

Versprechen Sie keine unrealistischen Termine

Wenn Sie Aufgaben übernehmen, nennen Sie niemals Termine, die Sie nicht einhalten können. Rechnen Sie lieber etwas mehr Zeit für Unvorhergesehenes ein. Sind Sie früher fertig, wird man erfreut sein und Sie loben. Überziehen Sie aber einen einmal genannten Termin, gelten Sie als unzuverlässig.

Um von vornherein zu vermeiden, dass es zum Crash kommt, sollten Sie niemandem Aufgaben zuweisen, denen er nicht gewachsen ist, und sich selbst auch nichts aufladen lassen, das Sie nicht bewältigen können!

Wenn Sie nicht Nein sagen können, wird man Ihnen immer mehr aufladen. Das gilt in Ihrer Firma, im Verein und im privaten und nachbarschaftlichen Bereich. Lernen Sie, Nein zu sagen, und entschuldigen Sie sich nicht dafür, Sie haben ein Recht dazu. Nur in der Firma müssen Sie eventuell begründen, warum etwas nicht geht.

Zeit für Kommunikation

In den letzten Jahrzehnten hat der Fortschritt der Kommunikationstechnik die Flut von Informationen, die auf uns einstürzt, immer größer werden lassen. Das Internet macht uns das Wissen der Welt zugänglich, und durch Fax und E-Mail können wir mit Menschen rund um den Globus in Echtzeit kommunizieren. Die Schwachstelle in diesem weltweiten Informationsnetz ist der Mensch, der all

Dosieren Sie Ihre Informationsaufnahme!
Nicht alles was auf Sie einströmt, ist wichtig für Sie. Lassen Sie die Tageszeitung weg und hören Sie einmal am Tag Radionachrichten. Filtern Sie auch Ihre Fachinformationen. Von vielem spricht in einem Monat keiner mehr. Warten Sie ab, welche Entwicklungen sich durchsetzen, dann können Sie sich damit befassen.

diese Informationen gar nicht mehr aufzunehmen vermag. Deshalb müssen Sie lernen, die Informationen zu filtern und Ihr Kommunikationsverhalten so zu steuern, dass Ihnen noch Zeit für das bleibt, was Ihnen wichtig ist.

> **Ständig erreichbar zu sein, zerstört Ihren Tag!**
>
> Das Handy macht es möglich, aber wer ständig für jeden erreichbar ist, wird möglicherweise nicht mehr zu Arbeiten kommen, die eine längere Konzentration erfordern. Legen Sie Zeiten fest, zu denen Sie Gespräche annehmen. Außerhalb dieser Zeiten schalten Sie ihr Handy aus, es kann die beste Zeitplanung kaputt machen.

Wenn Sie die Kunst beherrschen, sich Störenfriede vom Leib zu halten, entfallen all die kleinen oder größeren Unterbrechungen, unter denen Ihre Arbeit zu leiden hat. Benutzen Sie Ihren Anrufbeantworter, um feste Telefonzeiten einzuhalten, empfangen Sie keine unangeldeten Besucher und beantworten Sie E-Mails *en bloc* und nicht zwischendurch. Am besten Sie bündeln Ihre E-Mail-Abrufe, indem Sie bestimmte Zeiten festlegen, zu denen Sie Ihre Mails abrufen, und beant-

Schalten Sie Störungen aus!

Zeit für Kommunikation

worten Sie sie dann soweit möglich sofort. Öffnen Sie Ihr E-Mail-Programm nur zu diesen Zeiten. Dann kommen Sie auch nicht in Versuchung, jedesmal wenn sich eine Mail ankündigt, nachzusehen, worum es sich handelt.

Wenn Sie in Briefen und E-Mails dann auch gleich auf den Punkt kommen, um den es geht, und es kurz machen, sparen Sie nicht nur Ihre Zeit, auch der Empfänger ist eventuell dankbar, wenn er keinen langen Brief lesen muss, und wird Ihnen – mit hoher Wahrscheinlichkeit – auch nicht mit einem langen Brief antworten.

Kurze Nachricht – kurze Antwort

Auch lange Telefonate müssen nicht sein – jedenfalls nicht zwischendurch – wenn Sie eigentlich etwas anderes zu tun haben.

So nutzen Sie Ihren Anrufbeantworter richtig!

Wenn Sie ungestört arbeiten wollen, nutzen Sie Ihren Anrufbeantworter! Diejenigen, die Ihnen keine Nachricht hinterlassen, wollten bestimmt nichts Wichtiges von Ihnen. Die anderen rufen Sie nach einer gewissen Zeit nacheinander zurück. Unterbrechen Sie Ihre Arbeit dafür nur einmal und nicht andauernd.

Die Zeit als Maß menschlichen Tuns

In Firmen wird oft viel Zeit verschwendet, wenn alle eingehenden Gespräche über die Telefonzentrale geleitet werden.

>
> **Zeitfresser Telefonzentrale**
> Wenn auf der Visitenkarte oder auf dem Anschreiben nur die Nummer der Telefonzentrale der Firma steht, kann es den Kunden kostbare Zeit und oft auch Nerven kosten, bis eine Verbindung zustande kommt. Deshalb sollte überall die Durchwahlnummer stehen. Wer nicht am Platz ist, kann Gespräche einfach umleiten. Auch die Zentrale wird dadurch entlastet.

Im privaten Bereich kann auch der Fernseher ein ausgesprochener Zeitfresser sein, wenn das Programm nicht bewusst ausgewählt und das Gerät so zum »Entspannungsmöbel« wird.

>
> **Zeitfresser Fernsehen**
> Ertappen Sie sich dabei, dass Sie sich Fernsehsendungen ansehen, die Sie gar nicht sehen wollten? Eben haben Sie noch Nachrichten geguckt, jetzt läuft eine Sendung, die Sie nicht interessiert, und Sie sind aus Bequemlichkeit einfach sitzen geblieben. Suchen Sie sich Ihr Fernsehprogramm bewusst aus, sonst wird Fernsehen zum Zeitfresser.

Was tun mit ersparter Zeit?

Viele Tipps in diesem wie auch schon in den vorangegangenen Kapiteln leiten Sie an, Zeit zu sparen, keine Zeit für Unwichtiges zu verschwenden und Notwendiges konzentrierter und damit rascher zu erledigen.

Wenn das im Einzelfall gelingt, werden viele Ihrer Handlungen und Tätigkeiten früher beendet sein, weil sie schneller vonstatten gegangen sind, und Sie können schon die nächste Sache in Angriff nehmen, wenn Sie normalerweise noch mit der vorigen beschäftigt gewesen wären. Sie stellen fest, dass Sie in derselben Zeit mehr leisten als vorher und noch zusätzliche Aufgaben bewältigen können. Das ist zunächst ein durchaus positiver Aspekt. Allerdings wird dabei Zeit nicht tatsächlich gewonnen, sondern sofort wieder verplant und verbraucht. Sie persönlich haben nicht mehr Zeit, sondern – wenn das Einsparen, Wieder-Verplanen und -Verbrauchen von Zeit immer weitergeht – eher weniger, denn Ihr ganzer Lebensrhythmus wird mit jeder Zeitersparnis schneller und hektischer. Das ist eine Falle, in die das Zeitsparen führen kann und in die wir vielfach in unserem Be-

Zusätzliche Aufgaben durch ersparte Zeit?

rufsalltag hineingetrieben werden, ohne uns dagegen wehren zu können.

Umso mehr sollten Sie darauf achten, was Sie mit Ihrer im privaten Bereich ersparten Zeit tun und sie nicht nur für neue Aktivitäten, sondern auch für Ruhepausen nutzen!

> **Ersparte Zeit nicht verplanen!**
> Sie haben es durch gutes Zeitmanagement geschafft, mehr Dinge in kürzerer Zeit zu erledigen und trotzdem noch Zeit zu sparen? Erliegen Sie nun nicht der Versuchung, die eingesparte Zeit auch noch für die Arbeit zu einzuplanen! Sie haben die Chance, ein ausgewogenes Verhältnis von Arbeitszeit und Freizeit zu erreichen. Verspielen Sie sie nicht!

Viele, die im Beruf über Zeitmangel klagen, haben Schwierigkeiten im Umgang mit freier Zeit, empfinden sie oft als Leerzeit und füllen sie mit Aktivitäten, um »sich die Zeit zu vertreiben« oder gar »Zeit totzuschlagen«. Die Wortwahl ist hier verräterisch! Nehmen Sie »freie« Zeit an, und tun Sie auch einmal gar nichts!

Nehmen Sie freie Zeit an!

In diesem Sinne können Sie auch erzwungene Wartezeiten nutzen. Sie stehen mit dem Auto im Stau, in der Warteschlange an der Supermarkt-Kasse oder sitzen im Wartezimmer Ihres Arztes? Ärgern Sie sich nicht über die verlorene Zeit! Nehmen Sie diese Zeit als Geschenk an, und lassen Sie Ihren Gedanken freien Lauf – ohne schlechtes Gewissen –, denn jetzt *können* Sie gar nichts anderes tun!

Wenn Sie im Auto sitzen und der Verkehr wirklich einmal fließt, dürfen Sie ruhig darauf verzichten, durch Ihre Fahrweise ein bisschen Zeit herauszuholen – Sie bezahlen es mit stärkerer nervlicher Anspannung, und der tätsächliche Zeitgewinn ist minimal.

Entspannt am Steuer durch Verzicht auf ständiges Überholen
Der Zeitgewinn durch schnelles Fahren wird oft übschätzt. Selbst auf längeren Strecken beträgt er meistens nur wenige Minuten. Fahren Sie also nicht ständig auf der Überholspur. Merke: Raser kommen nicht wesentlich früher, dafür aber bestimmt genervter am Ziel an.

Zeit als Lebenszeit

Nicht nur jede einzelne Ihrer Handlungen steht unter dem Gesetz der verrinnenden Zeit, auch Ihre Lebenszeit hat irgendwann einmal begonnen und wird irgendwann abgelaufen sein.

Die Zeit als Maß menschlichen Tuns

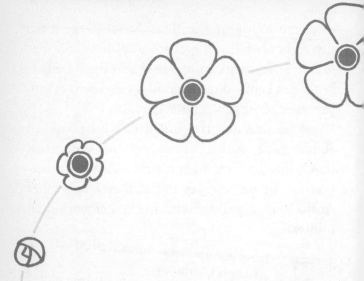

In der Spanne von in der Regel weniger als zehn Jahrzehnten, in der sich Ihr Leben abspielt, verändern Sie sich, Sie werden vom Kind zum Erwachsenen und – wenn Sie das Glück haben, lange genug zu leben – zum Greis oder zur Greisin. Die Veränderungen, denen Sie während dieser Zeit unterworfen sind, betreffen nicht nur Ihren Körper, sondern auch Ihre ganze Persönlichkeit und damit Ihr Denken und Empfinden und Ihre Beziehungen zu Ihrer Umwelt.

Zeit als Lebenszeit

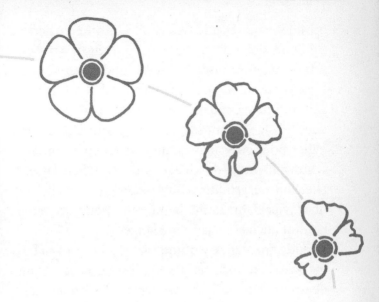

Betrachten wir einmal an unserem Blütenmodell, wie unterschiedlich die Blüte eines Menschen in den verschiedenen Lebensphasen aussehen kann.
Der Beginn ist eine Knospe, die Beziehungen zur Umwelt sind noch nicht entwickelt, das Ich lebt ganz aus seinen körperlichen Bedürfnissen heraus und der soziale Kontakt beschränkt sich auf die Person, die diese Bedürfnisse erfüllt.
Dann entwickeln sich allmählich die Beziehungen zur Außenwelt, bis sie beim Erwachsenen voll aus-

gebildet sind. Das Ich gewinnt ein differenziertes Bild von sich selbst. Der Weg führt aufwärts. Wir setzen uns mit unserer Umwelt und unseren Mitmenschen auseinander, erleiden dabei Verletzungen und fügen anderen Verletzungen zu. Wir erleben Erfolge, kommen einem gewünschten Ziel näher oder erreichen es, und wir erleben Enttäuschungen und Fehlschläge, die uns reifen lassen. Die voll ausgebildete Blüte kann man vielleicht über vier Jahrzehnte bewahren, wenn es hoch kommt auch ein paar Jahre länger.

Irgendwann haben wir unterdessen, ohne es zu bemerken, den höchsten Punkt unserer Lebensbahn überschritten, und der Abstieg hat begonnen. Die körperliche Leistungsfähigkeit wird geringer, und es stellt sich vielleicht die eine oder andere Krankheit ein, die nun nicht mehr nur eine Episode bleibt, sondern zum ständigen Begleiter wird.

Während unsere Leben auf dieser Reise seinen Bogen beschreibt, ist nicht nur unser Körper und unser Ich Veränderungen unterworfen, sondern auch unser Verhältnis zur Zeit, oder genauer gesagt zu Vergangenheit, Gegenwart und Zukunft, ändert sich. Irgendwann geht der Blick des Menschen lieber zurück in die Erinnerung als nach vorn. Es mag sein, dass die Zukunft an Reiz verliert, wenn jemand so viel erlebt hat, dass er letztlich nichts wirklich Neues mehr erwarten darf, oder auch, dass der Blick zurück die angenehmere Perspektive ist, wenn sich in der anderen Richtung das Ende in immer deutlicherer Nähe abzeichnet.

Es zeigt sich, das das *Erleben von Zeit* und das objektive *Messen von Zeit* zwei ganz verschiedene Dinge sind, zwischen denen Welten liegen.

> *Zeit erleben und Zeit messen sind zweierlei*

Erinnerungen an Ereignisse, die Jahrzehnte zurück liegen, erscheinen alten Menschen oft so nahe und real, als ob sie gestern stattgefunden hätten, während das Geschehen des gestrigen Tages schon vergessen ist.

Das letzte Bild in unserem Modell: Die ihrer Blätter beraubte Blüte sinkt zu Boden. Die Lebensreise hat Ihr Ende erreicht.

Ganz gleich auf welchem Stück Ihrer Lebensbahn Sie gerade entlangwandern. Halten Sie doch einmal inne und werfen Sie einen Blick zurück auf Ihren bisherigen Weg. Schauen Sie dann nach vorn auf das unbekannte Land, das Sie noch betreten werden, und überlegen Sie, wie Sie es erreichen möchten: Ächzend unter schwerem Gepäck, das tausend überflüssige Dinge enthält, oder leichten Fußes ohne Ballast und offen für alles Neue und Schöne, das Ihnen auf Ihrem Weg noch begegnen wird?

Diese Frage haben Sie längst entschieden! Sie haben ja schon begonnen, Ballast abzuwerfen, um sich Ihr Leben leichter zu machen, alle Aspekte Ihrer Persönlichkeit zu entfalten, und zu innerem und äußerem Gleichgewicht zu finden. Auf diesem Weg sind Sie – da Sie dieses Buch bis hierher durchgelesen haben – schon ein gutes Stück vorangekommen. Dazu herzlichen Glückwunsch!

Register

Ablegen 42, 45 f., 63 f.
Abstellraum 57 f.
Adressenliste 115
Aktien 84
Alltagsbeschwerden 137
Altkleidersammlung 50
Altpapier 43, 47
Angst/Ängste 88, 105, 110, 132, 135, 151, 163 ff., 167, 172
Anlagemix 84
Anrufbeantworter 180 f.
Anrufe 48
Anschaffungen 76 f., 81
Arbeitsplatz 49, 65 f., 92
Ärgern 178
Aufgaben aufteilen 48
Aufgaben delegieren 43, 176
Aufgaben zusammenfassen 48
aufopfern 117
Aufräumen 40 ff., 59, 65
Augentraining 147 f.
Ausgaben 74 ff., 78, 81
ausgenutzt werden 116 f.

Babysitter 131
Badezimmer 57
Ballast 11 f., 16, 37, 40 f., 44, 49, 52, 56, 60, 63, 67, 121, 123, 190
Ballaststoffe 139
Beruf 21, 27, 86 ff., 115
Besteck 53
Betrieb 93, 95, 97, 100, 136, 143, 144 ff., 152
Bewegung 136 ff., 143
bewerben 91, 97 f.
Bewusstes 14
Bezugsperson 118
Blütenmodell 16 ff., 32 f., 68 f., 87, 102 f., 119 f., 135 f., 153, 157, 186 f.,
Brille 64

CD-Regal 38
Chaos 44, 66
Chef 99, 100, 176
Computer 49

Diele 56
Dinge 10, 12 f., 15, 19, 31 ff., 70 ff., 76 f., 93, 158, 163, 170, 190

Ehepartner 118
Eifersucht 125
Einnahmen 74
Einrichten 60 ff.
Entscheidungen 151, 169, 172
Erfrischungsgetränke 138
Erinnerungsstücke 38, 39
Ernährung 136 ff., 140

Feierabend 88
Fernsehen 182
Finanzen 20, 68 ff.
Fitness 143, 145
Flüssigkeitsmangel 139, 143
freie Zeit 184
fünfblättrige Blüte 16
Fußboden als Ablage 40, 48

Garage 58
Garderobe 56
Gartengeräte 58
Gefühl 14
Gefühlsmensch 13
Gehalt 89
Geiz 71
Geld 68 ff.
Geschenke 39
Geschirr 53
Geschlechterrollen 121
Gesundheit 134 ff.
Gewohnheit 126
Girokonto 77, 80 ff.
Gleichgewicht 9, 14, 25 ff., 30, 33, 118 f., 122, 162, 169, 190
Glück 68 ff., 76, 90, 165, 168
Glukose 138

Haltbarkeit von Lebensmitteln 55
Handy 180
Hängeregistratur 45
Harmonie 123
Hausbank 77
haushalten 74
Haushaltsbuch 74
Humor 112

Ich 16 f., 153 ff.
Immobilienfonds 84
Informationsflut 179
innere Aspekte des Menschen 17
Interventionskurs 85
Investitionen 77

Joggen 143

Karriere 87, 158, 162
Kleiderschrank 49
Kleidung 51, 148
Kohlenhydrate 137
Kommunikation 95, 180
Kompetenzzersplitterung 100
Konkurs 97
Kontakte 101 ff.
Kontoauszug 78
Körper 17, 134 ff.
Körpersprache 106
Kredit 76, 78
Küche 52
Kündigung 96

Lebensbahn 188
Lebensmittelpackungen 138

Register

Lebensmittelvorräte 54
Lebenspartner 118
Lebensstil 75
Lebenszeit 24, 185
Lebensziel 87, 154
Leitungswasser 142
Lotto 82

Macht 13, 36, 73, 90
Mischkost 137
Mitarbeiter 100
Mitmenschen 22, 101 ff., 170, 188
Möbel 61
Mode 52

Nachtschlaf 149
Nahrungsmittel 137
Neid 91
Nein sagen 116 f., 179
Nervensägen 114
Neuanfang 96
neue Erfahrungen 166
Nickerchen 149, 150
Nieren 142
Notizblock 64

Ordner 46
Ordnung 44, 65 ff.
Organisationssysteme 45
organisieren 93

Partnerschaft 23, 118 ff., 123 f.
Patentgeräte 54
Pedanterie 67
Perfektionismus 175
Persönlichkeit 14 ff, 86, 153 ff., 169, 186, 190
positive Signale 106
Preiskampf 100

Radfahren 146
Rationalität 14
Reichtum 70
Rendite 83
Rollenerwartungen 116, 121
Routineaufgaben 177

Ruhepausen 184
Rumpelkammer 59

Saccharose 138
Sammeln 34
Schlaf 136, 149
Schlafzimmer 56 f.
Schlüssel 63
Schönheitsideal 135
Schreibtisch 40
Schreibzeug 64
Schulden 72, 76, 79 ff., 85
Schuldgefühle 79, 132
Schwimmen 146
selbstständig 98 ff.
Selbstwertgefühl 73, 125, 155 f.
Sex 130
Smalltalk 112
Sorgen 165
soziale Beziehungen 108 f., 113 ff.
soziale Kompetenz 93
soziale Kontakte 115
soziales Wesen Mensch 101 ff.
sparen 76 f., 83
spazieren gehen 143
Sport 145
Spurenelemente 140
Stoffwechsel 141
Streit 123
Stress 115, 144, 150 ff.
Sympathie 112

Tagebuch 154
Tagesablauf 172
Taichi 15
Tanzen 145 f.
Taschen 63 f.
Telefonieren 49
Telefonzentrale 182
Temperaturreize 147
Termine 45, 128, 172, 174 f., 178
Tilgungsplan 82
Trauer 132 f.
Trennung 132 f.
Trinken 139, 141 ff.

Übergewicht 138
Überstunden 88
Überziehungskredit 80
Umzug 62
Unbewusstes 14
Unerbetene Ratschläge 110
ungesättigte Fettsäuren 140
Unpünktlichkeit 113

Verabredungen 173
Veränderungen 29, 60, 98, 121, 163, 166, 186, 188
Verliebtheit 119
Verlustängste 163
Verpackungen 55
Verstandsmensch 13
Verstopfung 141
Vier-Stapel-Methode 41 ff.
Vorsätze 160
Vorstellung 161

Wandern 144
Wandflächen 61
Waren 34
Wasser 139, 141 ff.
wegwerfen 43 f., 50, 59
weiterleiten 43
Wert 73
Wertpapiere 84
Wohlstand 83
Wohnen 60

Yin und Yang 14, 15

Zeit 24 f., 169 ff.,
Zeiterleben 189
Zeitschriften 46
Ziele 13, 87, 90 f., 95, 101, 153 f., 157 f., 160 ff.
Zimmerpflanzen 62
Zucker 138
Zufriedenheit 70
Zukunftsangst 125
Zutatenliste 138
Zuversicht 163 ff.